당과 계급
노동계급에게는 어떤 정치조직이 필요한가?

국립중앙도서관 출판시도서목록(CIP)

당과 계급 : 노동계급에게는 어떤 정치조직이 필요한가? / 레온 트로츠키, 토니 클리프, 던컨 핼러스, 크리스 하먼, 알렉스 캘리니코스 지음. -- 서울 : 책갈피, 2012
  p. ;   cm

원표제: Party and class
원저자명: Leon Trotsky, Tony Cliff, Duncan Hallas, Chris Harman, Alex Callinicos
영어 원작을 한국어로 번역
ISBN 978-89-7966-096-8 03300 : ₩9000

사회 주의[社會主義]

340.24-KDC5
335-DDC21   CIP2012005092

당과 계급

Party and Class

노동계급에게는
어떤 정치조직이 필요한가?

레온 트로츠키 외 지음 | 편집부 엮음

책갈피

Party and Class — Tony Cliff, Duncan Hallas, Chris Harman and Leon Trotsky
First published 1971
New Edition published November 1996
Copyright ⓒ Bookmarks

Korean translation edition ⓒ 2012 by Chaekgalpi Publishing Co.
Bookmarks와 협약에 따라 이 책의 한국어 판권은 책갈피 출판사에 있습니다.

당과 계급: 노동계급에게는 어떤 정치조직이 필요한가?

지은이 | 레온 트로츠키, 토니 클리프, 던컨 핼러스, 크리스 하먼, 알렉스 캘리니코스
펴낸곳 | 도서출판 책갈피

등록 | 1992년 2월 14일(제18-29호)
주소 | 서울 중구 필동2가 106-6 2층
전화 | 02) 2265-6354
팩스 | 02) 2265-6395
이메일 | bookmarx@naver.com
홈페이지 | http://chaekgalpi.com

첫 번째 찍은 날 2012년 11월 19일

값 9,000원
ISBN 978-89-7966-096-8 03300
잘못된 책은 바꿔 드립니다.

차례

책을 펴내며　7

지은이 소개　12

출처　16

머리말 · 알렉스 캘리니코스　17

당과 계급 · 크리스 하먼　29

혁명적 사회주의 정당을 향해 · 던컨 핼러스　65

트로츠키의 대리주의론 · 토니 클리프　93

계급, 당, 지도부 · 레온 트로츠키　127

1917년 이전의 당과 계급 · 알렉스 캘리니코스　147

후주　197

일러두기

1. 이 책은 Tony Cliff, Duncan Hallas, Chris Harman and Leon Trotsky, *Party and Class* (Bookmarks, 1996)와 'Party and Class before 1917', *International Socialism*, 2:24 (1984)을 번역한 것이다.
2. 인명과 지명 등의 외래어는 최대한 외래어 표기법에 맞춰 표기했다.
3. 《 》 부호는 책과 잡지를 나타내고, 〈 〉 부호는 신문과 주간지를 나타낸다. 논문은 " "로 나타냈다.
4. 본문에서 [ ]는 엮은이가 독자의 이해를 돕거나 문맥을 매끄럽게 하려고 덧붙인 것이고, 지은이가 덧붙인 것은 [— 클리프] 식으로 지은이의 이름을 넣어 표기했다.
5. 본문의 각주는 엮은이가 설명을 첨가해 덧붙인 것이다.
6. 원문에서 이탤릭체로 강조한 부분은 고딕체로 나타냈다.

책을 펴내며

2008년 세계 자본주의의 심장부 미국에서 시작된 글로벌 경제 위기가 다시 악화하고 있다. 이 세계경제 위기는 평범한 사람들의 삶을 고통과 절망의 나락으로 떨어뜨릴 뿐 아니라, 정치적·사회적 격변도 일으키고 있다.

'세계의 화약고' 중동 지역에서는 튀니지와 이집트에서 혁명이 일어나 독재 정권이 잇따라 무너졌고, 리비아에서도 혁명과 내전, 외세 개입으로 카다피 정권이 붕괴했으며, 시리아의 혁명과 내전은 터키의 개입에 따른 확전 가능성도 있고, 이스라엘의 이란 공격 위협으로 제5차 중동 전쟁 위기가 고조되고 있다.

세계 체제의 '주변부' 지역뿐 아니라 유럽 같은 선진 자본주의 지역에서도 경제 위기의 여파로 정치적 불안정과 위기가 심화하고 있다. 그리스에서 시작된 부채 위기는 포르투갈, 스페인, 이탈리아로 번지며 유럽연합의 붕괴를 촉진하는 원심력으로 작용하고 있고, 그 불똥은 카탈루냐와 스코틀랜드의 분리 독립 움직임에 불을 붙여서 각각 15세기와 18세기 초에 수립된 국민국가들을 해체시키려 하고 있다.

흔히들 노동계급 투쟁과 저항의 무풍지대라고 여겼던 미국에서도 경제 위기의 고통과 이집트 혁명의 영향으로 위스콘신 노동자들의 투쟁을 비롯해 '점거하라 운동'과 최근의 시카고 교사 파업 등 '잠자던 거인'이 기지개를 켜기 시작했음을 알리는 조짐이 나타나고 있다.

이렇게 사회적 격변과 저항 운동이 분출하면서 해묵은 논쟁도 다시 벌어지고 있다. 자본주의를 고쳐 쓸 것인가, 폐기할 것인가? 폐기한다면 대안은 무엇인가? '현실 사회주의'의 역사적 경험에도 불구하고 사회주의는 자본주의의 대안이 될 수 있는가? 사회변혁의 주체는 누구인가? 노동계급인가, '프레카리아트'인가, 다중인가? 사회변혁 운동에 지도부나 정당은 필요한가? 필요 없을 뿐 아니라 적극적으로 거부해야 할 대상인가? 필요하다면, 어떤 정당이어야 하는가? 또, 그런 정당은 어떻게 건설해야 하는가? …

이 책은 바로 이런 물음에 답하려는 노력의 결과들을 모아서 엮은 것이다. 물론 사회민주주의나 스탈린주의나 아나키즘 또는 자율주의의 관점이 아니라 고전적 마르크스주의, 혁명적 사회주의의 관점에서 답하려는 노력의 결과들이다.

비록 20세기의 국제 노동계급 운동 경험을 바탕으로 사회변혁 정당과 노동자 대중의 관계라는 주제를 천착하는 글들을 모은 책이지만, 위에서 봤듯이 20세기 초에 레닌이 말한 "전쟁과 혁명의 시대"가 21세기 초에도 여전히 현실임을 감안할 때 오늘날 이 책의 의의나 필요성은 전보다 더하면 더했지 결코 덜하지는 않다고 확신한다.

각각의 글이 쓰인 역사적 맥락과 간단한 논평은 알렉스 캘리니코스가 쓴 머리말을 참고하기 바란다. 다만, "1917년 이전의 당과 계급"은 출처가 달라서 캘리니코스의 머리말에 소개돼 있지 않으므로 여기서 간단히 소개하고자 한다.

"1917년 이전의 당과 계급"은 《서구의 소비에트》(풀무질, 2008) 지은이이자 영국 사회주의노동자당[SWP] 활동가인 도니 글룩스타인이 《인터내셔널 소셜리즘》 1984년 겨울호에 발표한 글을 같은 당의 동지인 캘리니코스가 비판적으로 살펴보면서 로자 룩셈부르크의 당 개념, 그리고 당과 소비에트의 관계를 논쟁적으로 다룬 글이다.

글룩스타인은 "실종된 당"이라는 글에서 룩셈부르크가 혁명정당을 건설하지 못한 것은 이론적 오류 때문이 아니라 객관적 상황, 즉 당시 독일에는 작업장 정치의 최고 형태인 노동자 평의회(이하 소비에트)가 없었다는 사실 때문이라고 설명했다. 그러면서 소비에트를 혁명정당 문제의 해결책으로 강조하고, 혁명 과정에서 당보다 소비에트에 우위를 부여했다.

그러나 캘리니코스는 룩셈부르크가 당의 구실을 제대로 이해하지 못해서, 즉 당의 임무를 주로 선전으로 봤기 때문에 조직 건설을 경시하는 뼈아픈 오류를 범했다고 지적한다. 룩셈부르크의 잘못된 당 개념은 관료적 보수성이 모든 노동자 조직의 고유한 특징이라는 잘못된 분석에서 비롯한 것이고, 계급투쟁 수준이 낮을 때는 조직이 타성에 빠질 수밖에 없고 대중 파업이 발전하면 그 타성이 저절로 사라질 것이라며 "역사 과정의 논리"를 강조하는 이러한 견해의 특징은 "역사적 숙명론"이라는 것이다.

또, 당과 소비에트의 관계에 대해서도 캘리니코스는 둘이 하는 구실이 다르므로 둘 다 혁명 과정에 필수적이고 상호 보완적인 요소라고 설명한다. 소비에트는 권력을 겨냥한 투쟁으로 계급 전체를 결집할 수 있는 정치형태이고, 혁명정당은 계급 내 의식의 불균등성과 싸우고 프롤레타리아의 다수에게 국가권력 장악 필요성을 설득하는 구실을 한다는 것이다. 캘리니코스는 당만으로 사회주의를 이룰 수 있다는 스탈린주의 견해와 자본주의를 전복하는 데 소비에트만으로 충분하다는 평의회 공산주의 견해를 모두 비판하며 혁명정당의 중요성과 구실을 강조한다.

이 책에 실린 글들의 초벌 번역은 최일붕·정형준·이나라 님이 각각 길게는 20여 년 전에, 짧게는 5~6년 전에 해 주셨다. 일부는 오래 전에 다른 출판물이나 매체에 실렸고, 나머지는 이 책 출간을 위해 새로 번역했다. 그런데 편집부가 번역 원고의 용어를 통일하고 글을 다듬는 과정에서 1996년판 영어 원서 자체의 오탈자와 누락 등을 발견했다. 그래서 예전 판본이나 인터넷에 떠 있는 원문들과 일일이 대조·확인하고 수정하느라 생각보다 너무 오랜 시간이 걸렸다. 물론 다른 책들을 먼저 출간하다 보니 의도치 않게 뒤로 밀린 것도 사실이다. 이 자리를 빌려 초벌 번역자들께 고마움과 미안함을 함께 전한다. 그분들의 노고가 없었다면 이 귀중한 책이 독자들을 만날 수 없었을 것이다.

모쪼록 이 작지만 중요한 책이 한국과 전 세계 노동계급의 사회변혁 투쟁에, 그리고 자본주의의 착취·억압·소외에 시달리는 모든 인간의 해방을 추구하는 온갖 사회운동의 성장과 발전에 크게 기여하기를 간절히 바라는 마음으로 책을 펴낸다.

2012년 10월 책갈피 편집부

지은이 소개

레온 트로츠키 Leon Trotsky(1879~1940)

본명은 레프 다비도비치 브론시테인Lev Davidovich Bronstein. 1879년 러시아 남부 야노프카에서 유대인 농부의 아들로 태어났다. 니콜라예프 고등학교 졸업 전에 나로드니키 비합법 서클에 가담했다가 곧 마르크스주의자가 됐고 남러시아노동자연합의 창설자 중 한 사람이 됐다. 1898년 체포돼 시베리아로 유배됐다가 1902년 탈출해 영국으로 망명했다. 런던에서 레닌을 만나 이스크라 그룹에 합류한다. 1903년 러시아사회민주노동당 2차 대회에서 멘셰비키에 가담했으나 1904년에 결별하고, 1917년 7월 볼셰비키에 가입하기 전까지 양 분파 어디에도 속하지 않은 채 독자적으로 활동했다.

1905년 혁명에서 페테르부르크 소비에트 의장이 됐다. 1906년 다시 체포돼 시베리아 종신 유배형을 받았으나 1907년 탈출했다. 국외에서 멘셰비키와 볼셰비키의 통일을 도모했으나 실패하고 1914년 미국으로 망명했다. 10년 간의 망명 생활을 끝내고 돌아온 트로츠키는 볼셰비키 당에 입당했다. 그리고 다시 페트로그라드 소비에트 의장이 되어 10월 혁명 당시 무장봉기를 지도했다. 그 후 적군을 창설해 1925년까지 군사인민위원을 역임하면서 내전을 승리로 이끌었고 레닌과 함께 제3인터내셔널을 창설했다.

레닌 사후 당의 노선을 놓고 스탈린과 대립하다가 1927년 제명돼 1929년 국외로 추방됐다. 각국을 전전하다가 1936년 멕시코에 정착했다. 1940년 8월 스탈린이 보낸 자객에게 암살당할 때까지 스탈린에 맞서 투쟁하며 고전 마르크스주의의 정수를 지켜냈다.

한국에 소개된 주요 저서로는 《연속혁명, 평가와 전망》(책갈피), 《나의 생애》(범우사), 《러시아 혁명사》(풀무질), 《인민전선 비판》(풀무질), 《반파시즘 투쟁》(풀무질), 《배반당한 혁명》(갈무리) 등이 있다.

토니 클리프 Tony Cliff(1917~2000)

러시아 혁명이 일어난 1917년에 팔레스타인에서 태어났다. 1930년대에 혁명적 마르크스주의자가 됐고 트로츠키주의 혁명 조직을 건설하다가 제2차 세계대전 직후 영국으로 이주했다. 소련과 동유럽을 깊이 연구한 끝에 이 사회들이 사회주의가 아니라 '국가자본주의'라고 주장하며 정설 트로츠키주의와 결별하고 국제사회주의경향IST의 이론적 토대를 놓았다.

그가 창설한 《소셜리스트 리뷰》 그룹은 1960년대에 국제사회주의자들IS이 됐고 1970년대에는 사회주의노동자당SWP으로 발전해 영국에서 가장 큰 급진 정당이 됐다.

레닌 평전 4부작과 트로츠키 전기 4부작을 포함해 많은 책을 썼다. 국내에 번역된 저서로는 《소련은 과연 사회주의였는가: 국가자본주의론의 분석》(책갈피), 《레닌 평전 1: 당 건설을 향해》(책갈피), 《레닌 평전 2: 모든 권력을 소비에트로》(책갈피), 《레닌 평전 3: 포위당한 혁명》(책갈피), 《마르크스주의에서 본 영국 노동당의 역사》(책갈피, 공저), 《여성해방과 혁명》(책갈피), 《로자 룩셈부르크》(북막스), 《트로츠키 사후의 트로츠키주의》(책갈피), 《새로운 세대를 위한 마르크스 정치학 가이드》(책갈피) 등이 있다.

최근 그의 정치적 전기 《Tony Cliff: A Marxist for his time》(Bookmarks, London, 2011)이 영국에서 출간됐다.

던컨 핼러스 Duncan Hallas(1925~2002)

맨체스터의 노동계급 가정에서 태어났다. 제2차세계대전 동안 젊은 노동자였던 그는 국제 트로츠키주의 노동자연맹에 가입했다. 1943년 군대에 징집돼 이집트에서 병사 파업을 주도했다가 군사 감옥에 수감되기도 했다.

영국에 돌아온 뒤 토니 클리프와 함께 사회주의노동자당SWP의 전신인 《소셜리스트 리뷰》 그룹의 창립 멤버가 됐다.

교사 운동 출신으로 한때 영국의 전국교직원노동조합 지부의 간부로 활동하기도 했다. 저서로는 《노동당: 신화와 실제》, 《코민테른》 등이 있다. 월간지 《소셜리스트 리뷰》와 계간지 《인터내셔널 소셜리즘》에 정기적으로 글을 기고했다. 국내에 소개된 책으로는 《트로츠키의 마르크스주의》(책갈피), 《우리가 알아야 할 코민테른의 역사》(책갈피), 《잘못된 운동 조류》(공저, 다함께)가 있다.

크리스 하먼 Chris Harman(1942~2009)

영국의 사회주의노동자당SWP 중앙위원이자 〈소셜리스트 워커〉와 《인터내셔널 소셜리즘》의 편집자였다. 전 세계가 들썩인 1968년 당시 영국 학생운동의 중심이었던 런던대학교 사회과학대학LSE에서 주도적 학생 활동가로 사회운동에 뛰어든 이래 40여 년간 혁명적 마르크스주의 이론가이자 활동가로 활약했다. 2009년 카이로에서 이집트 시민사회단체들이 개최한 포럼에 연사로 참가하던 중 심장마비로 사망했다.

국내에 번역된 저서는 대표작 《민중의 세계사》(책갈피) 말고도 《좀비 자본주의: 세계경제 위기와 마르크스주의》(책갈피), 《21세기 대공황과 마르크스주의》(책갈피, 공저), 《오늘의 세계경제: 위기와 전망》(갈무리), 《부르주아 경제학의 위기》(책갈피), 《마르크스주의와 공황론》(풀무질), 《크리스 하먼의 마르크스 경제학 가이드》(책갈피), 《쉽게 읽는 마르크스주의》(북막스), 《21세기의 혁명》(책갈피), 《세계를 뒤흔든 1968》(책갈피), 《이슬람주의, 계급, 혁명》(책갈피) 등 20여 권이 있다.

알렉스 캘리니코스 Alex Callinicos(1950~)

1950년 짐바브웨에서 태어난 세계적 석학이자 저명한 마르크스주의 이론가. 옥스퍼드 대학교에서 "자본론의 논리학"으로 박사학위를 받았고, 현재 런던대학교 킹스칼리지 유럽학 교수이며 영국 사회주의노동자당SWP 중앙위원이다.

국내에 번역·소개된 책으로는 《칼 맑스의 혁명적 사상》(책갈피), 《반자본주의 선언》(책갈피), 《이집트 혁명과 중동의 민중 반란》(공저, 책갈피), 《무너지는 환상》(책갈피), 《사회이론의 역사》(한울), 《제3의 길은 없다》(인간사랑), 《제국이라는 유령》(공저, 이매진), 《평등》(울력), 《이론과 서사》(일신사), 《미국의 세계 제패 전략》(책갈피), 《좌파의 재구성과 변혁 전략》(책갈피), 《자본주의의 대안과 사회주의 가치 논쟁》(공저, 책갈피), 《제국주의와 국제 정치경제》(책갈피), 《혁명이 계속되다: 이집트 혁명과 중동의 민중 반란2》(공저, 책갈피) 등 수십 권이 있다.

출처

"당과 계급"은 *International Socialism*, first series, vol 35, Winter 1968-9에 처음 실렸고, 인터넷 웹사이트 http://www.marxists.org/archive/harman/1968/xx/partyclass.htm에서도 볼 수 있다.

"혁명적 사회주의 정당을 향해"는 *Party and Class* (London, 1971)에 처음 실렸고, http://www.marxists.org/archive/hallas/works/1971/xx/party.htm에서도 볼 수 있다.

"트로츠키의 대리주의론"은 *International Socialism*, first series, vol 2, Autumn 1960에 처음 실렸고, http://www.marxists.org/archive/cliff/works/1960/xx/trotsub.htm에서도 볼 수 있다.

"계급, 당, 지도부"는 트로츠키가 암살된 후 발견된 미완성 원고다. *Fourth International*, Vol 1 No 7, December 1940에 처음 실렸고, *Party and Class* (London, 1971)에 재수록됐다. http://www.marxists.org/archive/trotsky/1940/xx/party.htm에서도 볼 수 있다.

"1917년 이전의 당과 계급"은 *International Socialism*, 2:24 (1984)에 처음 실렸다.

머리말

알렉스 캘리니코스

정치조직 문제는 사회주의 운동만큼이나 오래됐다. 사회주의자들의 목표는 세계를 변혁하는 것이므로 이 목표를 달성하기 위해 자신들을 가장 효과적으로 조직하려고 항상 노력했다. 헝가리의 마르크스주의자인 게오르크 루카치는 사회주의 사상이 실천의 검증을 받는 곳이 바로 조직이라고 지적했다.[1] "모든 '이론적' 경향이나 견해 차이가 순수 이론이나 추상적 의견의 수준을 넘어서려면, 즉 정말로 실천을 통해 자신을 실현하려 한다면, 즉시 조직적 무기를 발전시켜야 한다." 그렇다면 최고의 조직 방식은 무엇인가? 조직은 얼마나 중요한가? 사회주의의 목표를 달성하는 데 걸림돌이 되는 당 구조도 있는가?

이러한 문제들이 특히 마르크스주의자들에게 절실한 이유는 카를 마르크스가 사회주의는 노동계급의 자기 해방이라고, 다시 말해 사회주의는 노동자들이 스스로 쟁취해야 하는 것이라고 주장했기 때문이다. 여기에 레온 트로츠키가 '대리주의'라고 부른 것의 위험이 도사리고 있다. 다시 말해 혁명정당이 되고자 하는 세력이 노동계급을 대신해서 노동계급의 이름으로 권력을 장악하고 휘두를 위험이 있는 것이다. 마르크스와 그의 협력자 프리드리히 엥겔스도 당시 사회주의 운동에서 나타나는 이런 경향을 분명하게 경고했다. 혁명을 소수 음모가들의 쿠데타로 여긴 프랑스 공산주의자 오귀스트 블랑키의 추종자들이 바로 그런 경우였다.

그러나 마르크스와 엥겔스는 《공산당 선언》에서 "프롤레타리아 운동은 압도 다수를 위한 압도 다수의 자의식적이고 자주적인 운동"이라고 주장한 것 말고는 당 조직 문제에 체계적 관심을 갖지 않았다.[2] 당 조직 문제를 사회주의 이론과 실천의 중심에 놓는 일은 러시아 혁명 지도자 레닌에게 남겨졌다. 루카치는 노동계급이 자본주의를 전복하는 데 필요한 의식을 어떻게 발전시키는가 하는 문제를 논하면서 다음과 같이 지적했다. "레닌은 이 문제를 이론적 뿌리까지 파고들어 결정적이고 실천적인 지점, 즉 조직이라는 지점까지 도달한 최초이자 오랫동안 유일한 지도자였고 이론가였다."[3]

그러나 혁명정당의 이론과 실천이라는 주제와 관련해서 레닌

만큼 왜곡과 비방에 시달린 사람도 없다. 동유럽 혁명과 소련 붕괴 후 요즘은 레닌을 사악한 광신자로 보는 냉전적 시각이 역사적 정설이 됐다. 우파 역사가 리처드 파이프스나 그보다 더 젊고 현대적인 올랜도 파이지스 같은 학자들처럼 베테랑 냉전주의자들의 저서에서 레닌은 처음부터 대규모 학살을 위한 폭정의 도구로 볼셰비키당을 만들어 낸 사람으로 묘사된다. 따라서 스탈린 체제의 범죄는 레닌 탓이라는 것이다. 그래서 파이지스는 스탈린에 대해 다음과 같이 썼다. "그가 시장市場과 농민을 쓸어버리고 공업화를 추구한 것은 레닌이 민주주의를 쓸어버리고 소비에트 권력을 추구한 것과 근본적으로 다르지 않다."[4]

사실 1917년 10월 러시아 혁명은 역사상 가장 민주적인 사건이었으며, 억압받고 착취받는 사람들의 자발적 반란이 추동하고 노동자·병사 대표 소비에트로 조직된 러시아 노동계급의 권력 장악에서 절정에 이른 혁명적 과정의 산물이었다. 그들이 그럴 수 있었던 것은 오로지 볼셰비키당의 지도 덕분이었는데, 볼셰비키당은 중간계급 음모가들의 빈틈없는 조직이 아니라 매우 민주적인 노동자 대중의 정당이었다. 트로츠키는 자신의 걸작 《러시아 혁명사》에서 다음과 같이 지적했다. "조직의 지도가 없다면 대중의 에너지는 피스톤 실린더에 담기지 않은 증기처럼 사라져 버릴 것이다. 그렇지만 사물을 움직이는 것은 역시 피스톤이나 실린더가 아니라 증기다."[5]

1917년 10월의 혁명적 열기가 지속되지 못한 것은 사실이다. 볼셰비키당은 혁명을 선진 자본주의 나라들로 확산시키려 노력했지만 러시아 소비에트 공화국은 적대적인 자본주의 세계에서 고립됐다. 경제적 봉쇄와 반혁명 세력의 공격이라는 압력 때문에 경제는 파탄 났고 혁명을 성공시킨 노동계급도 해체됐다. 볼셰비키는 자신이 더는 존재하지 않는 노동계급의 이름으로 행동하고 있음을 깨달았다. 이런 현실의 역사 과정 때문에 1917년 10월 혁명을 가로채고 배신한 스탈린주의 관료 집단이 성장할 수 있었다.[6]

스탈린 체제의 등장은 10월 혁명의 성과를 모두 파괴한 반혁명이었다. 이 과정의 전환점은 1920년대 말 강제적 농업 집산화였고, 급기야 1936~38년에는 옛 볼셰비키 당원 중 남아 있던 사람들이 학살당한 대숙청이 벌어졌다. 그 결과 진정한 사회주의와 아무 관련이 없고 서방 국가와 마찬가지로 노동계급의 착취에 의존하는 관료적 국가자본주의 사회가 등장했다. 레닌은 이 과정이 완료되기 전에 죽었다. 그러나 그의 마지막 의식적 정치 행동은 스탈린과 스탈린이 대표하는 것에 반대하는 투쟁이었다. 따라서 스탈린주의와 레닌의 정치 사이에는 근본적 차이가 있다. 레닌은 마르크스와 마찬가지로, 사회주의를 노동계급의 자기 해방으로 보는 고전적 마르크스주의 전통에 서 있었다.

이 책에 실린 글 네 편은 모두 한편으로는 노동계급 투쟁과 사회주의 조직 사이의 관계를, 다른 한편으로는 러시아 혁명의 역사적 경험과 그 여파를 다루고 있다. 이 책은 1971년에 처음 출간됐지만, 각각의 글은 서로 다른 때 쓰였다. 각각의 글이 쓰인 맥락을 설명해 주는 것이 독자들에게 도움이 될 듯하다. 네 편의 글은 모두 주제를 다루는 구체적 방식이 맥락에 따라 다르기 때문이다.

가장 오래된 글은 트로츠키의 "계급, 당, 지도부"다. 1940년 8월 스탈린이 보낸 자객에게 암살당할 당시 미완성이었던 이 글은 1936~39년 스페인 내전에서 프랑코 장군이 이끄는 우파가 승리한 것을 설명하려는 노력의 일환으로 쓰였다. 트로츠키는 스페인 노동계급이 '미숙'해서 공산당과 민중전선 정책을 지지했기 때문에 패배가 불가피했다는 생각을 비판한다. 그는 이런 논리가 스페인의 주요 반反스탈린주의 조직인 마르크스주의통일노동자당 POUM에 면죄부를 주는 것이라고 봤다. POUM은 사실, 공산당의 민중전선 정책을 추종해서 수많은 POUM 활동가가 스탈린이나 프랑코의 보안경찰에게 살해당한 재앙적 결과에 책임이 있었기 때문이다.[7]

이 글에서 트로츠키는 역사유물론을 저속하게 왜곡해서 결정론적 교리로 만들고 그래서 사건들을 경제 발전의 기계적 결과로 보는 견해를 강력하게 비판한다. "역사의 전환점이라는 결정적 순간에 정치적 지도부는 전쟁의 결정적 순간에 총사령부가 하는 구실만큼이나 결정적인 요인이다. 역사는 자동적 과정이 아니다.

역사가 자동적 과정이라면 지도자가 왜 필요하겠는가? 당과 강령, 이론적 투쟁은 또 왜 필요하겠는가?"

혁명이 역사의 필연이 아니기 때문에 정치조직이 필요하다. 그러나 트로츠키는 흔히 소종파들이 저지르는 오류, 즉 역사적 후퇴를 모두 노동운동 지도부의 배신 탓으로 돌리면서 마치 트로츠키도 그렇게 주장했다는 식으로 강변하는 오류를 신중하게 피하고 있다. 트로츠키는 노동자들이 이미 본색이 드러난 전통적 조직들에 계속 집착하는 이유를 설명하려 한다. 그와 동시에, 사회의 격변기에 기존 조직들은 급속하게 발전하는 계급투쟁에 대응하면서 검증을 받게 되고 그래서 소규모 혁명정당들도 대중의 지지를 받을 수 있는 기회를 얻게 된다고 주장한다. POUM이 실패한 이유는 이런 기회를 놓쳐서 사태를 주도하지 못했기 때문이다.

토니 클리프가 쓴 "트로츠키의 대리주의론"은 냉전이 절정이던 1960년에 처음 출간됐다. 그때도 지금처럼 이데올로기적 정설은 레닌주의가 필연적으로 스탈린주의를 낳았다는 것이었다. 클리프는 (볼셰비키와 멘셰비키의 역사적 분열이 일어난) 1903년 러시아 사회민주노동당RSDLP 2차 당대회에서 조직 문제를 놓고 논쟁이 벌어졌을 때 트로츠키가 한 유명한 말에서 출발한다. 당시 트로츠키는 레닌의 혁명적 전위 정당 개념에 거세게 반발했고, 멘셰비키를 편들며 다음과 같이 경고했다. "이런 방식은 … 당 기구가 당 전체를 '대리'하고 중앙위원회가 당 기구를 대리하며, 마지막에는 독재자가 중앙위원회를 대리하게 된다."[8]

물론 트로츠키는 나중에 이런 진단을 거부하고, 1917년에 볼셰비키에 가입해 10월 혁명의 핵심 조직자가 됐다. 그렇지만 트로츠키의 지적은 흔히 볼셰비키에게 일어날 일을 예견하고 레닌의 당 개념과 스탈린 체제 사이의 연속성을 보여 주는 것으로 이해됐다. 그러나 클리프는 혁명적 엘리트가 노동계급을 대신하는 '대리주의'가 지적 오류라기보다는 사회적 과정임을 밝히고자 한다. 그는 볼셰비키가 노동자 대중정당에서 프롤레타리아의 이름으로 지배하는 권위주의 정권으로 바뀐 것은 혁명의 고립 때문이었다고 자세히 설명한다. 또 대리주의가 부상하는 일반적 조건을 설명하고 대리주의를 해결할 방법은 오직 노동계급의 독립적 행동뿐이라고 결론짓는다.

던컨 핼러스와 크리스 하먼의 두 논문은 매우 다른 정치적 상황에서 쓰였다. 1960년대 말과 1970년대 초의 격변, 특히 1968년 프랑스의 5~6월 사건들로 말미암아 혁명적 마르크스주의가 다시 정치적 의제가 됐다. 서유럽과 미국에서 수많은 학생들과 젊은 노동자들이 공산당이나 사회민주주의 정당이 아닌 혁명 조직의 깃발 아래로 모여들었다. 떠오르는 노동자 투쟁과 관계 맺을 수 있는 진정한 혁명정당의 건설 가능성은 실질적인 것이었다.[9]

불행히도 새로운 혁명적 세대는 흔히 잘못된 당 조직 개념에 영향을 받았다. 아나키스트들과 반쯤 아나키스트인 '자유지상주의*적 마르크스주의자들'은 레닌주의가 스탈린주의를 낳았다는 냉전 시대의 합의를 받아들여 중앙집권적 당을 모조리 부정했다. 그 거울 이미지가 유럽 대륙과 북아메리카의 극좌파를 지배하던 다양한 마오쩌둥주의 조직에서 만연했다. 이들은 당을 대중이 믿고 따라야 하는 전지전능한 획일체라고 보는 스탈린주의 당 개념을 받아들이고는 공산당은 이런 모델에 맞지 않는 '수정주의'라고 비난했다. 당시의 정치적 혼란이 어찌나 심했던지 많은 사람들이 반쯤 아나키즘적 견해에서 스탈린주의 견해로 빠르게 이동했다가 흔히 환멸을 느끼고 다시 아나키즘적 견해로 되돌아갔다.

하먼과 핼러스의 글은 이런 잘못된 개념에 도전하고 젊은 혁명가들을 설득해서 진정한 레닌주의 당 건설 이론과 실천에 헌신하게 하려 했다. 1971년 처음 출간된 "혁명적 사회주의 정당을 향해"에서 핼러스는 레닌주의를 왜곡한 두 가지 주장을 집중적으로 비판한다. 첫째는 1968년 5월 당시 프랑스 학생운동의 지도자 중 한 명이었던 다니엘 콩방디[콘벤디트로도 읽는다]가 대표하는 경향으로, 고전적 아나키즘의 관점에서 볼셰비즘을 비판하는 주장이다. 콩방디는 특히 러시아 혁명의 지도자이자 역사가인 트로츠키에게 포화를 퍼부었다.[10] 다른 하나는 노동계급의 '지도자'를 자

---

* libertarianism, 자유의지주의, 절대자유주의라고도 한다.

처하는 정설파 트로츠키주의 그룹, 특히 1950년대와 1960년대 영국에서 가장 큰 극좌파 조직이던 제리 힐리의 사회주의노동동맹SLL의 주장이다.[11]

그들과 달리 핼러스는 영국 노동운동 상황을 현실적으로 평가해야 한다고 강조한다. 그는 혁명가들에게 가장 중요한 잠재적 청중은 작업장 직장위원들이라고 주장한다. 이들은 20년 이상 완전고용 상태에 있던 현장 노동자들의 힘과 자신감을 반영하고 있었다. 핼러스는 이런 노동자들에게 영향을 미치는 유력한 정치 세력은 노동당 좌파나 공산당(당시 존 골런이 지도하던)의 형태로 존재하던 개혁주의 좌파지만, 이들이 쇠퇴하고 있어서 혁명 조직이 노동자들에게 뿌리내릴 수 있는 길이 열리고 있다고 지적했다. 결국 국제사회주의자들IS(사회주의노동자당SWP의 전신)은 노동자들에게 뿌리내리는 과정을 겨우 시작할 수 있었지만, 1970년대 중반 이후 노동자들이 패배를 겪으면서 이 과정은 중단됐다. 대략 20년 동안 대처 집권기를 거치면서 현장 노동자들이 노동조합 관료주의와 독립적으로 싸울 수 있는 자신감이 위축됐다. 그렇지만 실제 세력 관계와 노동계급의 의식 상태에서 출발하는 핼러스의 방법은 여전히 본보기라 할 만하다.

마지막으로, (1968년에 처음 출간된) "당과 계급"에서 크리스 하먼은 다양한 이론적 견해를 폭넓게 살펴보면서 동일한 논쟁을 깊이 파고든다. 그는 개혁주의적인 사회민주주의 전통이 혁명정당을 노동계급 자체와 동일시하는 경향이 있다고 주장한다(방식은 약간 다르지만 스탈린주의 전통도 마찬가지다). 심지어 (1917년 이전의) 트로츠키나 폴란드의 위대한 마르크스주의자 로자 룩셈부르크 같은 혁명가들조차 그렇게 생각하는 경향이 있었다. 계급 전체의 당은 노동자들 사이의 모든 정치적 경향을(전투적·혁명적 경향은 물론이고 보수적 경향이나 심지어 반동적 경향도) 반영하기 때문에 투쟁의 걸림돌이 되기가 십상이다. 그래서 룩셈부르크와 청년기의 트로츠키는 당 조직을 보수성과 타성에 빠지기 쉬운 세력으로 여기는 경향을 보였다.

반면 레닌과 이탈리아 혁명가 안토니오 그람시는 당과 계급을 날카롭게 구분해야 한다고 주장했다. 혁명정당은 노동계급 중에서 마르크스주의의 기본 원칙을 받아들이는 부문을 조직해서 나머지 노동자들을 설득하고자 한다. 혁명정당은 계급을 대리해서 행동하지 않고 노동자 대중조직 안에서 혁명이 모든 문제의 유일한 해결책임을 다수에게 확신시키려고 투쟁한다. 그람시가 지적하듯이, 사회주의 혁명은 "혁명적 대중의 자발적 운동과, 조직하고 지도하려는 중앙의 의지가 한곳으로 수렴되는 변증법적 과정의 결과"다.[12]

"당과 계급"은 혁명 조직이라는 문제를 근본적으로 다루는 글이다. 그러나 하먼 자신이 처음에 지적하듯이, 이 글에서는 당원 자격에 관한 약간 배타적인 견해가 드러나기도 한다.[13] 그래서 하먼은 "신입 당원들을 고참 당원의 의식 수준으로 끌어올려야" 한 다고 말한다. 그러나 대중투쟁이 거의 벌어지지 않는 시기가 계속되면 마르크스주의를 잘 아는 고참 당원들조차 비관적이거나 보수적으로 될 수 있다. 비혁명적 시기에 조직을 유지하는 일은 힘들기만 하고 성과는 없기 때문이다. 이런 상황에서는, 투쟁의 고양기에 가입한 덕분에 침체기 경험으로 고통받지 않은 신참 당원들의 열정과 에너지가 조직에 활력을 줄 수 있다.

따라서, 당원 자격을 "자신의 활동과 나아가 당의 활동을 진지하게 과학적으로 평가하고자 하는 사람들"만으로 "제한"하자는 하먼의 주장은 매우 수세적이다. 레닌과 볼셰비키가 1905년 혁명 때 그랬듯이, 때때로 '당의 문호를 개방'하고 새롭게 급진화한 수많은 노동자들을 환영하는 것도 필요하다. 그렇지만 이렇게 충원된 사람들이 당에 가입할 때 아무리 급진적이었더라도 이들이 고참 당원들의 도움을 받아 마르크스주의 전통의 훌륭한 기본을 획득하고 자신의 실천을 마르크스주의 이론과 체계적으로 연관시켜 이론과 실천을 모두 발전시킬 때만 진정한 혁명가가 될 것이라는 점은 여전히 진실이다.

이런 사소한 약점들은 이 글을 쓴 시점이 국제사회주의자들이 산업 노동계급에 뿌리를 내리려는 첫 시도를 시작하기 전이었고 사회주의노동자당이 지난 20년 동안 계급투쟁의 부침에 대응해 전술 전환하는 방법을 배우기 전이었다는 사실을 반영한다. 그런 전술 전환을 배우는 과정에서 볼셰비키의 1903~17년 경험이 매우 중요했다. 물론 볼셰비키의 경험은 규모도 훨씬 더 크고 조건도 사뭇 다른 것이었지만 말이다. (1975년에 처음 출간된) 토니 클리프의 레닌 전기 1권 《당 건설을 향해》[국역: 《레닌 평전 1》, 책갈피, 2010]는 혁명정당 건설의 이론과 실천을 자세히 연구한 책이다. 《당 건설을 향해》는 이 책에 실린 이론적 글들을 보완하는 데 꼭 필요한 저작이다.

이 책에 실린 글은 모두 집필 당시의 조건이 서로 다르지만 오늘날에도 여전히 유효하다. 이 글들은 진정한 마르크스주의 혁명 조직과 스탈린주의 독재 기구는 완전히 다르다는 점을 보여 준다. 그리고 이 글들은 오늘날 당 건설의 문제를 다루는 이론적 틀을 제공한다. 따라서 다음 세대에게 혁명적 사회주의의 이론과 실천을 가르치는 데 기여할 수 있다.

당과 계급

크리스 하먼

[크리스 하먼은 1968년에 쓴 이 글을 소책자로 출판하려고 1986년에 붙인 머리말에서 이 글이 다음과 같은 두 가지 결함이 있으므로 독자는 주의하기 바란다고 덧붙였다. — 편집자]

첫째, [내 주장은] 실제 역사적 상황에서 사회주의 정당을 건설할 때 직면하는 엄청난 실천적·정치적 문제들, 즉 혁명적 조직이 원칙에 기초한 정치를 노동계급의 가장 투쟁적이고 능동적인 부문과 유기적으로 결합하는 데 꼭 필요한 갖가지 '우여곡절'을 다루지 않는다. …

둘째, 때때로 이 글의 주장은 '주지주의적'이다. 그래서 당은 "신입 당원들을 고참 당원의 의식 수준으로 끌어올려야" 한다고 말한다.

물론 신입 청년 당원들은 사회주의 사상과 노동운동의 역사를 공부해야 한다. 그러지 않으면 승리보다 패배로 점철되는 시기에 혁명가로 살아남을 수 없다.

그러나 필요한 사상을 가장 잘 이해시키는 것이 항상 고참 당원들인 것은 아니다. 흔히 그들은 계급투쟁 침체기에 인내심을 잃고 지치곤 한다. 오히려 신입 청년 당원들의 활력과 열정만이 고참들을 계속 움직이게 할 때가 많다.

또한, 이 글은 "자신의 활동과 나아가 당의 활동을 진지하게 과학적으로 평가하고자 하는 사람들로 당원 자격을 제한"해야 한다고 말한다. 그러나 이보다는 다음과 같이 말하는 것이 낫겠다. 즉, 당은 이런저런 당면 쟁점뿐 아니라 체제 전체에도 맞서 투쟁해야 한다는 점을 이해하지 못하는 사람들까지 가입시켜서 당원 수를 부풀리는 일을 피해야 한다고. 오직 그럴 때만 당은 특정 부문에 한정된 투쟁의 요구가 아니라 모든 피착취·피억압 인민의 요구에 바탕을 둘 수 있기 때문이다.

위험은 소규모 혁명 조직이 명민한 신참 당원들의 유입으로 '희석'되는 데 있지 않다. 그보다는 신참이든 고참이든 당원들이 자신이 관여하는 특정 활동은 훨씬 더 넓은 혁명적 투쟁의 일부일 뿐임을 잊는 것이야말로 더 위험한 일이다.

들어가며

마르크스주의 진영 내에서 당과 계급의 관계 문제만큼 신랄한 논쟁을 불러일으킨 주제도 없다. 다른 어떤 주제보다 바로 이 주제를 놓고 열띠고 쓰라린 논쟁이 벌어졌다. 몇 세대 동안 혁명가들끼리 서로 '관료', '대리주의자', '엘리트주의자', '독재자' 등의 딱지를 붙이며 비난을 주고받았다.

그러나 이런 논쟁의 밑바탕을 이루는 원리들은 흔히 혼동돼 있었다. 문제의 중요성에도 불구하고 그랬다. 예컨대, 1903년에 당 조직의 성격 문제를 둘러싸고 볼셰비키와 멘셰비키가 분열했을 때 레닌 분파에 속했던 사람들 가운데 많은 이들이 1917년에는 레닌에 맞서 바리케이드 저편에 선 반면(예컨대 플레하노프), 트로츠키와 로자 룩셈부르크 같은 혁명가들은 1903년에는 레닌에 반대했다. 이런 혼동이 우연의 일치만은 아니다. 혁명가들의 논쟁에서 그런 혼동은 끊임없이 반복됐다. 코민테른 2차 세계대회에서 트로츠키가 한 말은 돌이켜 볼 만하다. 그는 유럽과 미국의 노동자 대중이 당의 필요성을 이해하고 있다는 파울 레비의 주장을 반박하며, 상황이 훨씬 더 복잡하다고 지적했다.

문제를 추상적으로 제기한다면 제 눈에는 한편에는 샤이데만이 보이고 다른 한편에는 미국이나 프랑스, 스페인의 생디칼리스트들이 보입니다. 그런데 후자는 부르주아지에 맞서 싸우고 싶어할 뿐 아니라 샤이데만과 달리 정말로 부르주아지를 박살내고 싶어합니다. 바로 이 점 때문에 저는 스페인이나 미국, 프랑스의 동지들이 역사적 사명을 성취하려면 당이 꼭 필요하다는 것을 입증하기 위해 그들과 토론하기를 더 좋아합니다. … 저는 제 자신의 경험에 비춰 동지적 방식으로 그들에게 이 점을 입증하고자 할 것입니다. 다수에게는 이 문제가 이미 해결됐다고 말하며 그 동지들에게 샤이데만의 오랜 경험을 강조하지는 않을 것입니다. 저와, 당의 필요성을 아주 잘 알고 있는 르노델 같은 자 또는 우리의 존엄성을 지키기 위해 '동지'라고 부르고 싶지도 않은 알베르 토마 같은 신사 양반들 사이에 어떤 공통점이 있습니까?[1]

트로츠키가 말한 어려움, 즉 사회민주주의자들과 볼셰비키가 모두 '당의 필요성'을 주장하면서도 그것이 뜻하는 바는 완전히 달랐다는 사실은 스탈린주의의 등장 이후 더욱 가중됐다. 볼셰비즘의 언어는 그것을 정식화한 사람들이 의도했던 목적과는 정반대 목적을 위해 사용됐다. 더구나, 스탈린주의와 사회민주주의에 반대하는 혁명적 전통을 고수해 온 사람들조차 1920년에 트로츠키가 한 지적을 진지하게 생각하지 않기 십상이었다. 그들은 당의 필요성을 증명하려고 흔히 '경험'에 의존했지만, 그 경험은 스탈린주의와 사회민주주의의 경험이었다.

따라서 이 글에서 나는 심지어 혁명가들 사이에서도 논쟁은 기본적으로 스탈린주의 조직관이나 사회민주주의 조직관에 대한 찬반 토론이 대부분이었다고 주장할 것이다. 또한, 레닌의 저작과 실천 속에서 암묵적으로 발전된 조직관은 이 두 조직관[스탈린주의와 사회민주주의]과 근본적으로 다르다고 주장할 것이다. 볼셰비키가 불법 상황에서 활동하면서 흔히 정통 사회민주주의의 언어로 주장했다는 사실과 10월 혁명의 이론과 실천이 스탈린주의로 말미암아 변질됐다는 사실 때문에 레닌의 조직관은 그 진의가 가려졌다.

당과 계급의 관계에 대한 사회민주주의의 견해

1914년 이전에는 어떤 마르크스주의자도 고전적 사회민주주의 이론에 근본적으로 도전하지 않았는데, 이 이론은 사회주의로 발전하는 데서 핵심 구실을 하는 것이 당이라고 주장했다. 사회주의는 근본적으로 자본주의에서 노동계급의 조직과 의식이 끊임없이 순조롭게 성장한 결과라고 봤기 때문이다. 당시 사회주의로 점진적 이행이 가능하다는 생각을 거부한 카우츠키 같은 마르크스주의자들조차, 지금 필요한 것은 조직력과 선거 득표 기반을 끊임없이 확대하는 것이라는 생각을 받아들였다. 선거를 통해서든 노동계급의 방어적 폭력을 통해서든 사회주의로 이행하는 것은 필연적인데 그때 당이 새로운 국가(또는 새롭게 개조된 옛 국가)를 떠맡아 그 기초를 다져야 하므로 당의 성장은 필수적이라는 것이었다.

카우츠키는 대중적 노동계급 정당의 발전을 자본주의 발전 경향의 필연적 결과로 봤다. "프롤레타리아의 수가 계속 늘어나고 산업예비군이 더 많아지고 착취자와 피착취자의 대립이 더 첨예해질수록" 경제 위기는 "당연히 점점 더 큰 규모로 일어나고, 인민의 다수는 결핍과 곤궁의 상태로 더 깊이 빠져들고, 호황은 더 짧아지고 불황은 더 길어진다." 이 때문에 더 많은 노동자들이 "기존 질서에 본능적으로 대항"할 수밖에 없다. 사회민주주의는 "부르주아 사상가들의 독립적인 과학적 탐구"를 바탕으로 노동자들이 "사회법칙을 분명히 이해"할 수 있도록 그들의 수준을 끌어올리기 위해 존재한다.[2] 그런 운동은 계급 적대에서 비롯하며, "일시적 패배들을 겪을 수 있겠지만 결국에는 승리하기 마련이다."[3] "혁명은 의지가 있다고 해서 일어나는 것이 아니다. … 혁명은 피할 수 없는 필연으로서 일어나는 것이다." 이러한 발전에서 핵심 메커니즘은 의회 선거라는 메커니즘이다(비록 카우츠키조차 1905~06년 직후에는 총파업을 떠들어 댔지만 말이다).[4] "오늘날 무장봉기가 … 핵심 구실을 할 것이라고 생각할 이유는 전혀 없다."[5] 오히려 "그것[의회 ─ 하먼]은 프롤레타리아를 경제적·사회적·도덕적 타락에서

구하는 데 이용할 수 있는 가장 강력한 수단이다."[6] 노동계급이 의회를 활용하는 순간 "의회의 성격이 바뀌기 시작한다. 그것은 더는 단순한 부르주아지의 도구가 아니게 된다."[7] 장기적으로 그런 활동은 노동계급의 조직화로 이어지고, 사회주의 정당이 의회 다수파가 돼 정부를 구성하는 상황으로 이어지기 마련이다. 노동자 당은 "필연적으로 자신이 대변하는 계급의 이익을 위해 정권 장악을 목표로 삼게 된다. 경제 발전은 이 목표를 자연스럽게 달성해 줄 것이다."[8]

이런 시각은 제1차세계대전 이전의 40년간 서유럽 전역에서 대다수 사회주의 운동의 기본 원리가 됐을 뿐 아니라 적어도 좌파들 사이에서는 거의 도전받지 않은 채 지속됐다. 독일 사회민주당SPD이 제1차세계대전을 지지하자 레닌이 경악했다는 사실은 유명하다. 그러나 흔히 지나치는 사실은 로자 룩셈부르크처럼 좌파적 관점에서 카우츠키를 비판한 사람들조차 당과 계급의 관계에 대한 카우츠키의 이론과 그것이 함축하는 계급의식 발전 이론의 기초 자체를 거부하지는 않았다는 점이다. 카우츠키주의에 대한 그들의 비판은 대체로 카우츠키가 제시한 이론적 틀을 벗어나지 않았다.

사회민주주의자들의 중심 사상은 당이 계급을 **대표**한다는 것이다. 그들은 당 밖에 있는 노동자에게는 계급의식이 없다고 봤다. 실제로 카우츠키 자신은 노동자들이 당과 무관하게 '시기상조'인 혁명을 일으키는 것을 거의 병적으로 두려워하는 듯했다.

그가 보기에 권력을 장악하는 주체는 반드시 당이어야 했다. 그 밖의 노동계급 조직이나 활동도 유용할 수는 있지만, 정치의식을 지닌 당에 종속되지 않으면 안 된다. "노동조합의 이런 '직접행동'은 의회 활동을 대신하는 것이 아니라 보조하고 강화하는 것이어야만 실효를 거둘 수 있다."[9]

혁명적 좌파의 이론과 사회민주주의 이론

당과 계급의 관계를 이렇게 보는 사회민주주의 견해에 아무도(당 자체를 거부하는 아나키스트들을 제외하면) 분명하게 도전하지 않았다는 사실을 깨닫지 못하면 1917년 이전에 당 조직 문제와 관련해 일어난 논쟁들을 제대로 이해할 수 없다. 노동계급 대중의 자주적 활동이라는 관점에서 정통 사회민주주의에 반대한 로자 룩셈부르크 같은 사람들조차 사회민주주의 견해에 내포된 전제들을 공유했다. 이것은 단지 이론적 결함만은 아니었다. 그것은 역사적 상황에서 비롯한 것이다. 당시로선 파리코뮌이 노동계급 권력의 유일한 경험이었고, 그것은 압도적으로 프티부르주아적인 도시에서 두 달밖에 지속되지 못한 것이었다. 1905년 혁명조차 노동자 국가가 실제로 어떻게 조직될지를 맹아적 형태로만 보여 줬다. 노동자 권력의 근본적 형식인 소비에트, 즉 노동자 평의회는 제대로 인식되지 못한 채 지나쳤다. 그래서 1905년에 페트로그라드 소비에트 의장이었던 트로츠키도 1905년 혁명의 교훈을 분석한 《평가와 전망》에서 소비에트를 언급하지 않는다. 트로츠키는 당시 러시아 혁명의 사회주의적 내용을 예견한 거의 유일한 사람이었지만 그 내용이 어떤 형식을 취할지는 깨닫지 못하고 있었다.

> 혁명은 무엇보다도 권력의 문제다. 즉, 국가형태(제헌의회, 공화국, 합중국)의 문제가 아니라 정부의 사회적 내용의 문제인 것이다.[10]

1905년 혁명에 대한 로자 룩셈부르크의 반응이라 할 수 있는 《대중 파업》에서도 비슷한 누락이 보인다. 레닌의 글과 생각에서도 소비에트는 1917년 2월 혁명 후에야 중심적인 것이 됐다.[11]

혁명적 좌파는 당이 노동자 국가의 전신이라고 보는 카우츠키의 견해를 그대로 받아들이지는 않았다. 예컨대, 룩셈부르크의 글을 보면 룩셈부르크가 아주 초기부터 당의 보수성과 대중이 당을 넘어서 당 밖으로 나가야 한다는 점을 깨닫고 있었음을 알 수 있다.[12] 그러면서도 그녀는 사회민주주의의 공식 견해를 명시적으로는 거부하지 않았다. 그러나 당과 계급의 관계를 이론적으로 명확히 이해하지 못하면 당에 필요한 내부 조직 문제도 명확히 알 수 없다. 사회민주주의 모델을 거부하지 않고는 혁명 조직에 대한 진정한 토론은 시작조차 할 수 없을 것이다.

이 점은 룩셈부르크의 경우에 가장 분명히 드러난다. 당의 필요성을 무시하는 '자발성' 이론을 룩셈부르크 탓으로 돌리는 함정(스탈린주의자들과 자칭 룩셈부르크 추종자들이 함께 파 놓은 함정)에 빠지는 어리석은 짓을 저질러서는 안 된다. 룩셈부르크는 당의 필요성과 당이 해야 할 적극적 구실을 자신의 저작 곳곳에서 강조한다.

> 그러나 러시아에서 사회민주주의[당시에는 혁명적 사회주의를 뜻했다] 당은 자신의 노력으로 하나의 역사 시기 전체를 메워야 한다. 사회민주주의 당은 러시아 프롤레타리아가 현재의 '원자화된' 상태(제정帝政의 수명을 연장해 주는)에서 벗어나 계급 조직화로 나아가도록 이끌어야 한다. 그래서 프롤레타리아가 자신들의 역사적 목표를 자각하고 그 목표를 달성하기 위한 투쟁을 준비하도록 도와줘야 한다.[13]
>
> 사회민주주의의 임무는 대중 파업을 기술적으로 준비하고 지휘하는 것이 아니라 전체 운동을 정치적으로 지도하는 것이다.[14]
>
> 사회민주주의자들은 프롤레타리아의 가장 선진적이고 가장 계급의식적인 전위다. 그들은 숙명론적으로 팔짱을 끼고 '혁명적 상황'의 도래를 기다릴 수 없으며 기다려서도 안 된다.[15]

그러나 당의 구실을 다룬 룩셈부르크의 저작에는 여전히 모호함이 남아 있다. 룩셈부르크는 당의 지도적 구실이 너무 커서는 안 된다고 생각했는데, "사회민주당의 신중한 태도"가 문제라고 봤기 때문이다. 룩셈부르크는 자신도 어쨌든 필수적이라고 본 '중앙집권주의'("사회민주주의는 대체로 어떤 형태의 지역주의나 연방주의도 강력히 반대한다")를 "그런 기구(즉, 중앙위원회)에 내재한 보수성"과 동일시했다.[16] 이런 모호함은 룩셈부르크가 실제로 활동했던 구체적 상황을 고려하지 않고는 이해할 수 없다. 그녀는 독일 사회민주당의 지도적 인물이었지만, 사회민주당의 활동 방식을 항상 못마땅해했다. 그녀가 실제로 보여 주려 한 중앙집권주의의 위험성은 다음과 같은 것이었다.

> 독일 사회민주당의 현재 전술 정책이 널리 호평받는 이유는 단호하면서도 유연하기 때문이다. 이것은 우리 당이 의회 체제에 아주 잘 적응하고 있다는 징표다. … 그러나 이러한 적응이 완벽하다는 사실 자체가 이미 우리 당의 시야를 좁히고 있다.[17]

이것은 1914년에 일어날 일*을 탁월하게 예언한 구절이지만, 사회민주당의 동맥경화증과 형식주의가 심화하는 원인을 여전히 설명하지 못한다(그것에 맞서 싸우는 방법을 제시하는 것은 고

---

* 독일 사회민주당이 국제주의를 저버리고 전쟁공채 발행에 찬성표를 던진 일.

사하고라도 말이다). 룩셈부르크가 보기에는 의식적 개인들과 집단들도 이 추세를 거스를 수 없다. 왜냐하면 "그런 관성은 주로, 존재하지 않는 정치 상황의 진로와 형태를 추상적 가설들이라는 진공 속에서 규정하기는 어렵다는 점에서 비롯"하기 때문이다.[18] 룩셈부르크는 당의 관료화는 불가피한 현상이고 당의 응집력과 효율성을 제한해야만 극복할 수 있다고 봤다.

"다수의 이익을 위한 다수의 자의식적 운동"의 가능성을 제약하는 것은 특정 형태의 조직과 의식적 지도가 아니라 조직과 의식적 지도 자체라는 것이다.

> 무의식적인 것이 의식적인 것에 선행한다. 역사의 논리가 역사 과정에 참여하는 인간들의 주관적 논리에 선행한다. 이것은 사회주의 정당의 지도 기관이 보수적 구실을 하는 경향을 설명해 준다.[19]

이 주장에는 올바르고 중요한 요소가 있다. 즉, 특정 조직은 급변하는 상황에 대응하지 못하는(또는 그럴 의지가 없는) 경향이 있다는 것이다. 그러한 경향은 1919년 이탈리아 사회당의 최대요구파*나 1914년 제2인터내셔널 '중간파', 또는 1917년

---

* 말로는 최대한의 요구를 내걸고 절대 타협하지 말아야 한다고 주장하면서도 실천에서는 실용주의적 행동을 일삼았던 중간주의자들.

멘셰비키 국제파나 1923년 독일 공산당^KPD을 떠올리기만 해도 금세 알 수 있다. 심지어 볼셰비키조차 그런 보수성을 드러내는 경향이 매우 강했다. 그러나 이렇게 진단하면서도 룩셈부르크는 그 근원을 파헤쳐 보려 하지 않았으며(인식론적 일반론 수준의 시도를 제외하면), 조직적 교정책을 찾아내려 하지도 않았다. "무의식적인 것"이 "의식적인 것"을 정정해 줄 수 있을 것이라는 그녀의 희망에는 강한 숙명론이 담겨 있었다. 룩셈부르크는 대중운동의 독특한 발전 속도에 대단히 민감했지만(특히 《대중 파업》에서) 그런 자발적 발전을 이용할 수 있는 정치조직의 명확한 개념을 확립하려 하지는 않았다. 관료적 형식주의와 의회 백치증을 가장 신랄하게 비판한 룩셈부르크가 1903년 러시아 사회민주노동당의 내부 논쟁 당시에는 장차 이러한 결함의 가장 완벽한 역사적 구현체가 될 멘셰비키를 옹호한 것은 역설이다. 독일에서 카우츠키주의에 반대하는 정치적 움직임은 이미 세기의 전환기에 시작돼서 1910년쯤에는 완전히 형성됐는데, 구체적 조직 형태는 그 후 5년이 더 지나서야 갖춰지기 시작했다.

룩셈부르크의 견해와 트로츠키가 1917년까지 고수한 견해는 상당히 비슷하다. 트로츠키도 관료적 형식주의의 위험을 매우 잘 알고 있었다.

프롤레타리아의 기층 대열 속에서 선동하고 조직하는 활동은 내적 관성이 있다. 유럽의 사회주의 정당들, 특히 가장 큰 독일 사회민주당은 거대한 대중이 사회주의를 받아들이는 것에 비례해, 그리고 이 대중이 더욱더 조직되고 훈련되는 것에 비례해 그만큼 관성을 발전시켜 왔다. 그 결과, 프롤레타리아의 정치적 경험을 구현하는 조직인 사회민주당이 어떤 시점에는 노동자와 부르주아 반동의 공공연한 충돌을 가로막는 직접적 장애물이 될 수 있다.[20]

트로츠키는 혁명적 정신으로 말미암아 중앙집권적 조직을 모두 불신하게 됐다. 1904년에 트로츠키는 레닌의 당 개념이 다음과 같은 상황을 낳을 수밖에 없다고 주장했다.

당 기구가 당 전체를 대리한다. 다음에는 중앙위원회가 당 기구를 대리한다. 그리고 마지막에는 한 명의 '독재자'가 중앙위원회를 대리한다.[21]

트로츠키는 노동계급 권력의 진정한 문제들은 다음과 같은 방법으로만 해결될 수 있다고 봤다.

사회주의 내부의 수많은 경향들, 즉 프롤레타리아 독재가 수많은 새로운 … 문제들을 제기하자마자 필연적으로 나타날 경향들 사이의 체계적 투쟁을 통해서만 해결될 수 있다. 아무리 강력하고 '고압적인' 기구도 이런 경향들과 논쟁들을 억누를 수 없을 것이다.[22]

그러나 트로츠키는 조직의 경직성을 우려한 나머지, 대중행동의 자발성을 가장 두려워한 분파로 판명될 멘셰비키를 지지하게 됐다. 비록 그가 정치적으로는 멘셰비키와 점점 더 사이가 벌어지지만, 아주 나중에야 멘셰비키와 대립하는 조직을 건설하기 시작했다. 1904년에 그가 레닌을 비판한 것이 옳았든 틀렸든(우리는 트로츠키가 틀렸다고 생각한다), 1917년에 레닌의 당에 들어갔을 때에야 비로소 그는 영향력 있는 역사적 행위자가 될 수 있었다.

조직은 관료주의와 타성을 낳는다는 주장이 사실이라면, 중앙집권주의와 응집력을 추구하는 혁명가들의 염원을 제한해야 한다는 룩셈부르크와 청년 트로츠키의 생각은 분명히 정당하다. 그러나 중요한 것은 이런 생각의 [논리적] 결론을 모두 받아들이는 것이다. 가장 심각한 것은 역사적 숙명론이다. 개인들은 노동계급 속에서 자신의 사상을 실현하려고 투쟁할 수 있고, 그런 개인들의 사상은 노동자들에게 그들 자신의 해방을 위해 싸우는 데 필요한 의식과 자신감을 준다는 점에서 중요할 수 있다. 그러나 혁명가들이 현재의 이데올로기를 암묵적으로 받아들이는 사람들의 조직과 같은 수준의 조직, 따라서 실천적으로 효율성과 응집력이 부족한 조직을 건설할 수는 없다. 그랬다가는 필연적으로 대중의 자주적 활동을 제한할 것이기 때문이다(즉, "의식적인 것"에 선행하는 "무의식적인 것"을 제한하게 될 것이다). 따라서 대중의 '자발적' 발전을 기다리는 수밖에 없다. 그때까지는 현재 존재하는 조직을 최선의 조직으로, 즉 현재까지는 대중의 자발적 발전이 최대한 표현된 조직으로 인정하고(비록 그 조직과 정치적 견해가 다르더라도) 감수해야 한다[는 숙명론]에 빠질 수 있다.

당과 계급에 관한 레닌과 그람시의 견해

레닌의 저작에는 룩셈부르크와 트로츠키가 그토록 우려하던 문제들에 대한 암묵적 인식이 늘 깔려 있다. 그러나 그 문제들에 대한 숙명론적 굴복은 없다. 이 문제들을 낳는 것은 조직 자체가 아니라 조직의 특정 형태와 특정 측면이라는 인식이 점차 강해진다. 제1차세계대전과 그 후 1917년의 사건들로 말미암아 기존 조직 형태의 결함이 분명하게 드러난 뒤에야 레닌은 자신이 발전시키고 있던 근본적으로 새로운 견해를 명시적으로 제시하기 시작했고, 그때조차 그 견해가 완전히 발전된 것은 아니었다. [내전으로] 러시아 노동계급이 해체되고 소비에트 체제(즉, 진정한 노동자 평의회에 기초한 체제)가 붕괴하고 스탈린주의가 대두하자 사회주의 이론의 쇄신은 질식됐다. 노동계급이 격감하고 사기 저하하면서 발호하기 시작한 관료층은 혁명의 이론적 기초를 왜곡하고 변질시켜 자신들의 이해관계와 범죄를 정당화하는 이데올로기로 만들어 버렸다. 당과 계급에 관한 레닌의 견해는 낡은 사회민주주의 견해를 뛰어넘어 명확하게 제시되자마자 새로운 스탈린주의 이데올로기 때문에 다시 모호해졌다.

그러나 레닌의 견해 가운데 많은 것이 안토니오 그람시에게 이어져, 명확하고 일관된 이론적 형태를 부여받게 된다.[23]

레닌에게는 언뜻 서로 모순처럼 보이는, 한데 얽혀 있고 상호보완적인 두 개념이 있다. 첫째는 노동계급 의식의 갑작스런 변화 가능성, 노동계급의 자주적 활동에서 특징처럼 나타나는 뜻밖의 고양, 노동자들로 하여금 복종과 비굴의 습관을 벗어던지도록 하는 계급적 본능 등을 끊임없이 강조하는 것이다.

혁명 때는 몇십 년이나 몇백 년 동안 무르익어 온 모순들이 전면에 드러난다. 현실은 파란만장한 사건들로 점철된다. 항상 뒤에 있었고, 그래서 피상적 관찰자들이 흔히 경멸하던 대중이 능동적 투사로서 정치 무대로 들어선다. … 이 대중은 영웅적 노력으로 난국에 대처하고, 세계사적 의의가 있는 엄청난 과제들을 해결해 나간다. 그리고 이런저런 패배가 아무리 크더라도, 피의 강물과 수많은 희생이 아무리 충격적이더라도, 대중과 계급들이 혁명적 투쟁 과정

자체에서 받는 이 직접적 훈련만큼 중요한 것은 없다.[24]

우리는 사회주의자들이 항상 해 왔고 앞으로도 항상 해야 할 더디고 꾸준한, 흔히 감지되지 않는 정치교육 활동의 중요성을 인정한다. 그러나 우리는 현 상황에서 훨씬 위험한 것, 즉 대중의 힘에 대한 신뢰 부족을 허용해서는 안 된다. 중대한 역사적 사건들이 사람들을 궁벽한 다락방이나 지하실에서 거리로 뛰쳐나오게 만들 때, 우리는 혁명의 교육적·조직적 효과가 얼마나 엄청난지를 잊어서는 안 된다. 혁명의 몇 개월은 종종 정치적 침체의 수십 년보다 더 빠르고 완전하게 사람들을 교육한다.[25]

노동계급은 본능적으로, 자발적으로 사회민주주의자다.[26]

자본주의 사회에서 프롤레타리아가 처한 특별한 조건으로 말미암아 노동자들은 사회주의를 위해 분투하게 된다. 그들과 사회주의 정당의 결합은 운동의 아주 초기 단계부터 자발적으로 이뤄진다.[27]

1914년 제1차세계대전이 발발한 후 최악의 몇 달 동안에도 레닌은 다음과 같이 썼다.

전쟁이 창출한 객관적 상황이 … 불가피하게 혁명적 정서를 낳고 있다. 그 때문에 가장 훌륭하고 가장 계급의식적인 프롤레타리아가 모두 단련되고 각성하고 있다. 대중의 분위기는 갑자기 바뀔 수 있을 뿐 아니라 그 가능성은 점점 더 커지고 있다.[28]

대중에 대한 이런 신뢰 때문에 레닌은 1917년 4월과 8~9월에 자신의 당과 충돌했다.

레닌은 대중이 당보다 왼쪽에 있다고 여러 번 말했다. 당은 상층 지도부인 '고참 볼셰비키'보다 왼쪽에 있다는 것도 레닌은 알고 있었다.[29]

민주협의회*와 관련해 레닌은 다음과 같이 썼다.

우리는 대중을 이 문제에 대한 토론 속으로 끌어들여야 한다. 계급의식적인 노동자들이 이 문제를 직접 다뤄야 하고, 토론을 조직해야 하고, '최상부에 있는 사람들'에게 압력을 가해야 한다.[30]

그러나 레닌의 사상과 실천 속에는 또 다른 근본적 요소가 존재하는데, 이론의 구실과 이론의 담당자로서 당의 구실을 강조한 점이 그것이다. 이 점에 대한 인식은 그가 "혁명적 이론 없이 혁명적 운동 없다"고 쓴 《무엇을 할 것인가》에 잘 나타나 있다.[31] 그러나 그것은 레닌의 활동의 각 단계마다, 그래서 1903년뿐 아

---

* 1917년 9월 멘셰비키와 사회혁명당이 혁명의 물결이 고조되는 것을 막으려고 소집한 정당·사회단체 대표자 회의.

니라 1905년과 1917년에도 거듭거듭 나타난 주제였다. 그는 대중의 급진화에 당이 부응하지 못한다고 신랄하게 비판했다. 레닌이 보기에 당은 계급 전체의 대중조직과는 아주 다른 것이었다. 당은 항상 전위 조직이며, 당원이 되려면 대다수 노동자들에게는 흔치 않은 헌신성이 필요하다(그렇다고 해서 레닌이 항상 직업혁명가들만으로 이뤄진 조직을 원했다는 말은 아니다).[32] 이것은 명백한 모순처럼 보일지도 모르겠다. 레닌은 특히 1903년에 그랬듯이 오직 당만이 계급에게 사회주의 의식을 불어넣을 수 있다는 함의가 있는 주장들을 카우츠키에게서 끌어내 자신의 논거로 삼았지만, 나중에는 계급이 당보다 더 '왼쪽'에 있다고 지적하기도 했다. 그러나 사실, 여기서 모순을 발견한다는 것은 이 문제에 관한 레닌의 사상에 담긴 근본적 요소들을 이해하지 못하는 것이다. 왜냐하면 레닌의 당 개념의 진정한 이론적 기초는 노동계급이 자신의 힘으로는 이론적 사회주의 의식에 이를 수 없다는 것이 아니기 때문이다. 러시아 사회민주노동당 2차 당대회에서 레닌은 "노동자들도 이데올로기 형성에 한몫한다는 사실을 전혀 고려하지 않는다"는 비난을 일축하면서 다음과 같이 덧붙였다. "'경제주의자들'은 한쪽 극단으로 나아갔다. 막대를 똑바로 펴기 위해서는 누군가가 반대 방향으로 구부려야 했다. 그것이 바로 내가 한 일이다."[33]

레닌 주장의 진정한 기초는 노동계급의 의식 수준이 결코 균

일하지 않다는 것이다. 노동자 대중이 혁명적 상황에서 아무리 빨리 배우더라도 여전히 어떤 부문은 다른 부문보다 선진적일 것이다. 자발적 변화에 그저 기뻐하는 것은 그 일시적 결과가 어떻든 이를 무비판적으로 받아들이는 것이다. 그러나 이러한 결과는 계급의 전진뿐 아니라 후퇴도, 계급의 혁명적 잠재력뿐 아니라 부르주아 사회 속의 처지도 반영하는 것이다. 노동자들은 아무 생각도 없는 자동인형이 아니다. 의식적 혁명가들의 개입으로 사회주의 세계관으로 설득되지 않으면, 노동자들은 계속 기존 사회의 부르주아 이데올로기를 받아들일 것이다. 현재 생활의 모든 측면에 스며들어 있고 온갖 대중매체에 의해 존속되는 것이 바로 부르주아 이데올로기이기 때문에 그만큼 더 그러기가 쉽다. 비록 어떤 노동자들이 '자발적으로' 완전히 성숙한 과학적 견해에 도달하더라도, 그들은 이런 견해를 가지고 있지 않은 다른 노동자들과 여전히 논쟁해야 할 것이다.

> 전위와 전위 쪽으로 이끌리는 전체 대중을 구별하지 않는 것, 점점 더 광범한 부문을 자신의 선진적 수준으로 끌어올리는 전위의 상시적 임무를 잊어버리는 것은 자기 자신을 기만하는 것이고 우리의 엄청난 과제를 외면하는 것이며 이런 과제를 제한하는 것이다.[34]

이런 주장은 특정 역사 시기에만 해당되지 않는다. 일부 사람들의 주장과 달리, 1902년의 후진국 러시아 노동계급에만 적용되는 것도 아니고 오늘날의 선진국 노동계급에만 적용되는 것도 아니다. 노동계급 의식이 성장할 절대적 가능성은 후자에서 더 높을 수 있지만, 자본주의 사회의 본질 자체 때문에 노동계급 내의 엄청난 불균등성이 지속된다. 이 점을 부정하는 것은 노동계급의 혁명적 잠재력과 현재 상태를 혼동하는 것이다. 레닌은 1905년에 멘셰비키(와 로자 룩셈부르크)를 겨냥해 다음과 같이 썼다.

> 노동자들의 독자적 활동이 발전하고 있다는 상투적 이야기는 그만하고(노동자들은 당신들이 알지도 못하는 독자적 혁명 활동을 한없이 보여 주고 있다) 당신들 자신의 추수주의追隨主義 때문에 후진적 노동자들이 사기 저하하지 않도록 당신들이나 잘하시오.[35]
>
> 두 종류의 독자적 활동이 있다. 혁명적 창발성을 지닌 프롤레타리아의 독자적 활동과 후진적이고 의존적인 프롤레타리아의 독자적 활동이 있다. … 두 번째 종류의 활동을 숭배하는 사회민주주의자들이 아직도 있다. 그들은 '계급'이라는 말을 거듭거듭 되풀이하면 긴급한 당면 문제들에 대한 직접적 대답을 회피할 수 있다고 생각한다.[36]

요컨대, 계급 전체가 무엇을 이룰 수 있는지를 말하지 말고, 계급 발전의 일부로서 우리가 어떻게 행동할지를 이야기하기 시작하라는 것이었다. 그람시는 다음과 같이 썼다.

역사에서 순수한 자발성은 존재하지 않는다. 그런 것이 있다면, 순수한 기계적 행동과 똑같은 것일 것이다. '가장 자발적인' 운동에서는 '의식적 지도'의 요소가 단지 확인되지 않을 뿐이다. … 이런 운동에도 의식적 지도의 요소가 많지만, 그중에 우세한 것이 없을 뿐이다.[37]

인간은 누구나 모종의 세계관을 가지고 있기 마련이다. 인간은 결코 집단과 동떨어져서 발전하지 않는다. "저마다 세계관이 있기 때문에 인간은 항상 특정 집단에 속하며, 그것도 자신과 똑같은 사고방식과 행동 양식을 공유하는 모든 사회집단에 속한다." 인간이 자신의 세계관을 일관성 있게 하려고 끊임없이 비판하지 않는다면

> 그는 동시에 다양한 인간 무리에 속하고, 그 자신의 인성은 괴이한 방식으로 구성된다. 그것[그의 세계관]은 원시인의 요소들과 가장 현대적인 선진 교양의 원리들을, 모든 과거 역사 단계의 조잡한 편견들과 전 세계 인류의 미래 철학의 직관들을 함께 포함하고 있다.[38]

대중 가운데 능동적인 사람은 실천적으로 움직이지만, 자신의 행위에 대한 명확한 이론적 의식(그가 세계를 변화시키는 한에는 세계에 대한 지식이기도 한)은 없다. 오히려 그의 이론적 의식은 행동과

대립될 수도 있다. 우리는 그가 두 가지 이론적 의식(또는 하나의 모순된 의식)을 가지고 있다고 말할 수 있겠는데, 하나는 그의 행위에 내포된 암묵적 의식으로서 현실의 실천적 변혁 속에서 그를 모든 동료들과 하나로 묶어 주는 의식이고 다른 하나는 겉으로 드러나거나 말로 나타나는 것으로서 그가 과거로부터 물려받고 비판 없이 받아들이는 의식이다. [이런 분열이 심해지면 — 하면] 그의 의식 내의 모순 때문에 어떤 행동도, 어떤 결정도, 어떤 선택도 불가능해지고 도덕적·정치적 수동성에 빠질 수 있다.[39]

모든 행위는, 강도가 다양하고 의식 수준도 다양하며 집단 의지를 지닌 전체 대중과의 동질성 수준도 다양한 서로 다른 의지들의 결과다. … 그에 조응하는 암묵적 이론은 혼란스럽고 이질적인 신념들과 관점들의 결합일 것임이 명백하다. [어떤 역사적 시점에 분출된 실천적 힘이 — 하면] 효과적이고 포괄적이려면, 단호한 실천을 바탕으로 그 실천의 결정적 요소들과 일치하고 서로 밀접한 관련이 있는 이론, 행동 속에서 역사적 과정을 가속하고 실천의 모든 요소들이 더 동질적이고 일관성 있고 더 효과적이게 하는 이론을 구성해야 한다.[40]

이런 의미에서 '자발성'이냐 아니면 '의식적 지도'냐 하는 문제는 다음과 같은 문제가 된다.

비판적 의식 없이 앞뒤가 맞지 않게 뒤죽박죽으로 생각할 것이냐, 달리 말하면 외부 환경이 기계적으로 '강요한' 세계관, 즉 누구나 의식의 세계에 들어가는 시점부터 자동으로 관련되는 많은 사회집단 중 하나가 강요한 세계관에 '참여할' 것이냐, 아니면 의식적·비판적으로 자신의 세계관을 만들어 낼 것이냐.[41]

이런 상황에서 정당은 특정 세계관과 그것에 상응하는 실천활동을 전파하기 위해 존재한다. 정당은 특정 세계관을 공유하는 사람들을 모두 하나의 집합체로 단결시키고, 이 세계관을 전파하려고 노력한다. 정당은 다양한 이데올로기와 이해관계의 영향을 받는 개인들의 무리에 동질성을 부여하기 위해 존재한다. 그런데 정당은 이것을 두 가지 방식으로 할 수 있다.

첫째는 그람시가 가톨릭교회의 방식이라고 부른 것이다. 이것은 다양한 사회 계급과 계층을 단일한 이데올로기로 결속하려 한다. 그것은 지식인과 '일반인'을 단일하고 조직된 세계관으로 통일시키려 한다. 그러나 그것은 오직 지식인을 '일반인' 수준으로 끌어내리는, 지식인에 대한 철의 규율에 의해서만 가능하다. "마르크스주의는 이러한 가톨릭의 태도와 정반대다." 마르크스주의는 대중의 의식 수준을 끌어올리기 위해, 그들이 진정 독립적으로 행동할 수 있도록 지식인과 노동자를 하나로 묶으려고 노력한다. 바로 이 때문에 마르크스주의자들은 단순히 대중의 자발성을 '숭배'할 수 없다. 그렇게 한다면, 그것은 가장 후진적인 부분의 후진성을 가장 선진적인 부분에게 강요하려고 하는 가톨릭을 모방하는 셈이 될 것이다.

따라서 그람시와 레닌은 당이 항상 신입 당원들을 고참 당원의 의식 수준으로 끌어올리려 노력해야 한다고 생각했다. 당은 항상 계급의 '자발적' 발전에 반응할 수 있어야 하며, 그래서 명확한 의식을 발전시키고 있는 사람들을 끌어들일 수 있어야 한다.

> 명실상부한 대중의 당이 되려면 우리는 점점 더 광범한 대중이 당의 모든 일에 함께하도록 해야 하며, 그들이 정치적 무관심에서 항의와 투쟁으로, 일반적 항의 정신에서 사회민주주의 견해의 채택으로, 이러한 견해의 채택에서 운동에 대한 지지로, 운동 지지에서 당원 가입으로 꾸준히 발전하도록 이끌어야 한다.[42]

그러나 이러한 임무를 완수할 수 있는 당이 반드시 '가장 광범한' 당은 아닐 것이다. 그것은 점점 더 많은 노동자들이 당 활동에 참여하도록 항상 노력하면서도 자신의 활동과 나아가 당의 활동을 진지하게 과학적으로 평가하고자 하는 사람들로 당원 자격을 제한하는 조직일 것이다. 따라서 당원 자격 규정은 중요할 수밖에 없다. 당은 그저 누구든 자신이 당원이라고 스스로 규정하고 싶어하는 사람들로 구성되는 것이 아니라 오직 당 조직의 규율을 받아들일 용의가 있는 사람들로만 구성되는 것이다. 평상시에 이런 사람들의 수는 노동계급 가운데 비교적 적지만, 투쟁 고양기에는 엄청나게 늘어날 것이다.

이 점이 사회민주주의 정당의 실천과 크게 다른 점이다. 레닌 자신은 1914년 이전의 러시아에 한정해서만 이 점을 인식했지만, 어쨌든 그의 견해는 명확한 것이었다. 그는 자신의 목표, 즉 "진정으로 강한 철의 조직", "싸우려고 나선 모든 사람들"의 "작지만 강한 당"과 "허우적거리는 괴물 같은 멘셰비키의 신新이스크라 잡동사니"를 대조한다.[43] 이 때문에 레닌은 당원 자격 조건 문제를 둘러싸고 멘셰비키와 분리하는 것조차 마다하지 않고 자신의 견해를 관철하려 한 것이다.

레닌의 당 개념에는 서로 구별해야 할 두 요소가 있는데, 하나는 레닌 자신이 역사적으로 제한된 것으로 조심스럽게 구분한 요소이고, 다른 하나는 일반적으로 적용될 수 있는 요소이다. 전자는 폐쇄적인 음모적 조직을 강조하고 당 간부들이 위로부터 아래로 신중하게 지도할 필요성을 지적한 것이다.

> 정치적으로 자유로운 상황이라면 우리 당은 전적으로 선출 원칙에 따라 건설될 것이다. 그러나 제정 치하에서 노동자 당원 수천 명이 집단적으로 선거를 치를 수는 없다.[44]

훨씬 더 일반적으로 적용되는 두 번째 요소는 당의 규율을 받아들이는 사람들로 당을 제한해야 한다는 것이다. 레닌이 보기에 (그를 추종한다고 자처하는 많은 사람들과 달리) 이것은 권위주의의 맹목적 수용이 아니었다는 점이 중요하다. 혁명정당이 존재하는 이유는 가장 의식적이고 전투적인 노동자들과 지식인들이 응집력 있는 공동 행동의 출발점으로서 과학적 토론에 참여할 수 있게 하기 위해서다. 이것은 당 활동에 전반적으로 참여하지 않으면 불가능하다. 이를 위해서는 명확하고 정확한 주장과 단호한 조직화가 결합돼야 한다. 그러지 않으면 당은 '늪'에 빠지고 말 것이다. 즉, 과학적 정확성에 따라 움직이는 사람들이 완전히 혼란스러운 사람들과 뒤섞여서 단호한 행동을 전혀 할 수 없게 되고 사실상 가장 후진적인 사람이 지도할 수 있게 돼 흐느적거리기만 할 것이다. 그런 논쟁에 필요한 규율은 "자유롭게 채택된 결정에 따라 단결한" 사람들의 규율이다.[45] 만일 당의 경계가 명확하지 않다면, 그리고 결정을 실행에 옮길 수 있을 만큼 응집력이 없다면, 당의 결정을 둘러싼 토론은 '자유롭기'는커녕 아무 가치도 없을 것이다. 레닌이 보기에 중앙집권주의는 당원들의 주도력과 자주성을 발전시키는 것과 결코 대립되지 않았다. 오히려 그 전제 조건이었다. 1905년에 레닌이 그 전의 두 해 동안 자신이 중앙집권주의를 위해 싸운 이유를 요약해 놓은 것을 주목할 필요가 있다. 중앙 조직과 중앙 기관지의 구실을 거론하면서 그는 그 결과가 다음과 같은 것이라고 말한다.

> 봉기 명령을 기다리면서 가만히 앉아 있지 않고, 봉기 시에 최고의 성공 가능성을 보장해 줄 정례 활동을 수행할 … 요원들의 그물망 구축. 그런 활동은 가장 광범한 노동자 대중과, 그리고 귀족계급에 불만을 품은 모든 계층과 연계를 강화해 줄 것이다. 그런 활동은 전반적 정치 상황을 올바르게 평가하는 능력과 따라서 봉기의 적절한 시점을 선별하는 능력을 기르는 데 일조할 것이다. … 그런 활동이야말로 모든 지방 조직이 최대한 엄밀하고 일사불란하며 적절한 방식으로 동일한 정치적 문제와 사건에 동시에 대응하도록 훈련할 것이다.[46]

그런 조직의 일부가 됨으로써 노동자와 지식인은 모두 다른 많은 사람들의 과학적 사회주의 활동에 발맞춰 그들 자신의 구체적 상황을 평가하도록 훈련된다. '규율'은 개인의 경험을 당 전체의 이론과 실천에 연결할 필요성을 받아들인다는 것을 의미한다. 그런 식으로 '규율'은 구체적 상황을 평가할 수 있는 능력과 대립되는 것이 아니라 그것의 필수적 전제가 된다. 또한, 그 때문에 레닌은 '규율'이 당내에 존재하는 차이를 숨기는 것이 아니라 오히려 그것을 전면에 드러내 토론에 부치는 것이라고 봤다. 오직 이런 식으로만 당원 대중은 과학적 평가를 할 수 있게 된다. 당 기관지는 상반된 의견들을 향해 열려 있어야 한다.

이 집단들이 거리낌 없이 발언할 수 있게 하고, 그들의 차이가 중요한지 안 중요한지를 평가하고, 어디에 어떻게 누구에게 모순이 있는지를 가늠할 기회를 당 전체에 부여하려고 최선을 다해야 한다(비록 그 때문에 중앙집권주의의 깔끔한 패턴과 규율에 대한 절대적 복종에서 어느 정도 벗어날지라도)는 것이 우리의 견해다.[47]

요컨대, 모든 당원이 당의 논쟁에 참여하고 그들 자신의 활동의 적실성을 이해하려면 당이 정치적으로 명확하고 견고해야 한다는 것이다. 이것이 바로 당과 계급을 혼동(멘셰비키가 그랬고 오늘날에도 여전히 많은 사람들이 그런다)하는 오류를 범해서는 안 되는 이유다. 계급 전체는 자본주의에 무의식적으로 반대한다. 당은 계급 가운데 이미 의식적인 부분으로서, 계급의 나머지 부분의 투쟁을 의식적으로 지도하려고 뭉친 부분이다. 당의 규율은 위에서 아래로 강요된 어떤 것이 아니라 당의 결정에 참여하고 그 결정을 실행에 옮기려고 행동하는 모든 이들이 자발적으로 받아들인 것이다.

사회민주당, 볼셰비키당, 스탈린주의 당

우리는 레닌이 생각한 당과 룩셈부르크나 트로츠키가 머릿속에 떠올리며 불안해한 사회민주당의 차이를 이제 알 수 있다. 사회민주당은 계급 전체의 당으로 여겨졌다. 계급의 집권은 곧 당이 권력을 장악하는 것이었다. 계급 내의 모든 경향이 당내에서 대변돼야 했다. 당내 분열은 모두 계급 자체의 분열로 여겨졌다. 중앙집권화는 필요하다고 인정되기는 했지만, 계급의 자발적 활동을 가로막는 장애물이 될 수 있다는 점에서 우려의 대상이었다. 그러나 룩셈부르크가 경고한 '독재' 경향이 가장 발달한 당이 바로 사회민주당이었다. 왜냐하면 당원과 지지자를 혼동하고, 비대한 기구가 반쯤만 정치화한 당원들을 이런저런 사회적 활동으로 결집하다 보니, 정치 토론은 무뎌지고 정치적 진지함은 사라지고, 그래서 당원들의 자주적인 정치적 평가 능력이 저하하고 당 기구의 지시에 따른 참여의 필요성이 증대했기 때문이다. 정치적 차이를 명확하고 단호하게 하려는 조직상의 중앙집권화가 없으면 평당원들의 자주성은 항상 잠식되기 마련이다. 개인적 친분이나 기존 지도자에 대한 복종이 과학적·정치적 평가보다 더 중요해진다. 아무도 명확한 태도를(비록 틀리더라도) 취하지 않는 늪에서는 어느 것이 옳은 태도인지를 놓고 논쟁하지도 않는다. 조직적 유대를 정치적 평가와 연결하려 하지 않으면 반드시 조직상의 충성이 정치적 충성을 대체하게 된다. 그러면, 오랜 동료들이 반대할 때 독자적으로 행동할 수 없게 된다(이런 경향을 가장 분명히 보여 준 사람이 1917년의 마르토프였다).

스탈린주의 당은 볼셰비키당의 변종이 아니라는 사실을 이해하는 것도 필수적이다. 스탈린주의 당도 조직 기구들이 지배했다. 조직의 정치를 고수하는 것이 아니라 조직을 고수하는 것이 중요했다. 이론은 외부에서 결정된 실천을 정당화하기 위해 존재했지 그 반대가 아니었다. 당 기구에 대한 조직상의 충성이 정치적 결정을 좌우했다(한편 전자는 소련 국가기구의 필요와 관계있었다). 소련에서 당 기구가 사실상 당을 지배하게 되는 과정에는 수많은 '지지자'의 당내 유입, 즉 '계급'에 의한 '당'의 희석화가 필요했다는 점을 주목해야 한다. 정치적 자기 확신이 없는 사람들을 대거 가입시킨 '레닌 입당'*을 이용해서 당 기구에 대한 충성을 확보할 수 있었다. 레닌주의 당에서 이런 관료적 통제 경향이 나타나지 않는 이유는, 정치적·이론적 문제들을 자신의 출발점으로 삼고 자신의 활동을 모두 여기에 종속시킬 만큼 진지하고 규율 있는 사람들로 당원 자격을 제한하기 때문이다.

그렇다면 이것은 매우 엘리트주의적인 당 개념을 함축하는 것인가? 어떤 의미에서는 그렇다고 할 수 있다. 비록 이것은 당의 잘못 때문이 아니라 현실 자체가 노동계급 의식의 불균등 발전을 낳기 때문이지만 말이다. 효과적인 당이 되려면 당은 가장 '선

---

* 1924년 레닌이 죽은 후 스탈린 분파가 주도해서 20만여 명의 당원을 대거 가입시킨 일.

진적'이라고 생각되는 사람들을 모두 가입시키려 해야 한다. 당은 단지 '엘리트'가 되지 않으려고 자신의 과학과 의식 수준을 떨어뜨릴 수는 없다. 예컨대, 당은 국수주의적 노동자가 국제주의적 당원과 "마찬가지로 훌륭하다"는 주장을 받아들일 수 없다. 그러나 '전위'가 된다는 것은 계급의 염원, 정책, 이해관계를 자신의 염원, 정책, 이해관계로 대체하는 것이 결코 아니다.

여기서 중요한 점은 레닌이 당을 노동자 국가의 맹아로 여기지 않았다는 사실이다(노동자 평의회가 그 맹아다). 노동계급 전체가 노동자 국가의 여러 기구들에 관여할 것이다. 이것은 "모든 요리사도 국정을 맡을 것"이라는 레닌의 말처럼, 계급의 가장 선진적인 사람들뿐 아니라 가장 후진적인 사람들에게도 해당된다. 국가를 다룬 레닌의 주요 저작 《국가와 혁명》에서 당에 관한 언급은 거의 찾아볼 수 없다. 당의 기능은 국가가 되는 것이 아니라, 계급의 더 후진적인 사람들 속에서 그들이 노동자 평의회를 수립하는 동시에 부르주아 국가의 조직 형태들을 전복하려고 싸우는 수준까지 그들의 자의식과 자주성을 끌어올리기 위해 끊임없이 선전하고 선동하는 것이다. 소비에트 국가는 전체 노동계급의 자주적 활동의 최고 구현체다. 당은 계급 가운데 이런 자주적 활동의 세계사적 함의를 가장 명확하게 이해하는 부분이다.

노동자 국가의 기능과 당의 기능은 사뭇 다르다(이것이 바로 노동자 국가에 당이 하나 이상 존재할 수 있는 이유다). 노동자 국가는 노동자의 모든 부문의 다양한 이익(지리적·산업적 이익 등등)을 모두 대변해야 한다. 또, 자신의 조직 방식에서 계급의 모든 이질성을 인정해야 한다. 반면 당은 계급을 일국적으로 그리고 국제적으로 단결시키는 활동을 중심으로 건설된다. 당은 이데올로기적 설득을 통해 계급의 이질성을 극복하려고 끊임없이 노력한다. 당은 개별 노동자 집단들의 국지적 관심사가 아니라 일국적·국제적 정치 원칙들에 관여한다. 당은 강제가 아니라 오직 설득을 통해서만 노동자들이 당의 지도를 받아들이게 할 수 있다. 자본주의를 혁명적으로 전복하려는 노동계급의 활동에 참여하고자 하는 조직은 노동계급의 직접적 지배 기구들을 자신이 대리하려 해서는 안 된다. 그런 생각은 사회민주당이나 스탈린주의 당에나 어울리는 생각이다(그리고 사회민주당이나 스탈린주의 당은 선진 자본주의 나라들에서 혁명적 실천을 통해 이런 대리 행위를 시도하기에는 대중의 자주적 활동을 너무 두려워한다). 자본주의 사회에 존재하는 혁명 조직의 구조는 자본주의를 전복하는 과정에서 떠오르는 노동자 국가의 구조와 판이할 것이다.[48] 혁명정당은 자신의 원칙과 대립하는 원칙을 가진 당들에 맞서 자신의 원칙을 위해 노동자 국가의 제도 내에서(도) 투쟁해야 할 것이다. 이런 일이 가능한 이유는 혁명정당 자체는 노동자 국가가 아니기 때문이다.[49]

이로써 우리는 레닌의 당 이론과 국가 이론이 동떨어진 두 가지 이론이 아님을 알 수 있다. 국가 이론을 발전시키기 전까지 레닌은 볼셰비키당을 러시아 상황의 독특한 산물로 여기는 경향이 있었다. 당이 국가가 된다는 사회민주주의적(나중에는 스탈린주의적) 관념이 우세했던 조건을 감안할 때, 진정으로 혁명적인, 따라서 민주적인 사회주의자들이 당을 계급의 가장 선진적인 부문으로 한정하지 않으려 한 것은 지극히 당연하다(비록 그런 가장 의식적인 부문을 조직해야 한다는 것을 인정했을지라도 말이다). 이것은 정치조직과 이론적 명확성의 문제에서 룩셈부르크가 모호한 이유를 설명해 준다. 이런 모호함 때문에 룩셈부르크는 "진정으로 혁명적인 운동이 저지르는 오류"와 "가장 명민한 중앙위원회의 무오류성"을 대립시켰던 것이다. 이 점을 간파한 사람이 레닌이다. 교훈을 끌어낸 것은 레닌이지 룩셈부르크가 아니다. "선진 공업국의 마르크스주의자들에게 [당에 관한] 레닌의 원래 견해는 룩셈부르크의 견해보다 훨씬 덜 유효한 지침"이라는 일각의 주장은 진실이 아니다.[50] 혁명적 마르크스주의자들의 조직, 즉 자신들의 상황과 계급 전체의 상황을 과학적으로 엄밀하게 평가하고, 자신들의 오류를 가차없이 비판하고, 노동자 대중의 일상적 투쟁에 참여하면서도 낡은 사회에 대한 대중의 이데올로기적·실천적 굴종에 끊임 없이 반대해서 대중의 자주적 활동을 증대시키려고 애쓰는 조직을 건설하는 것은 여전히 필요하다. 사회민주주의와 스탈린주의처럼 계급과 당 엘리트를 동일시하는 태도에 반발하는 것은 아주 건강한 반응이다. 그러나 그렇다고 해서 우리가 그들의 유산을 극복하기 위해 무엇을 해야 하는지를 명확하게 깨닫지 못 해서는 안 된다.

혁명적 사회주의 정당을 향해

던컨 핼러스

지난 40년 동안 벌어진 사건들 때문에 혁명적 사회주의 전통은 서방의 노동계급으로부터 대체로 고립됐다. 따라서 이 둘을 다시 통합하는 것이 가장 중요한 문제다. 임금, 노동조건, 주택, 집세, 교육, 의료 등의 쟁점을 놓고 벌어지는 많은 부문 운동과 지역사회 투쟁은 사회변혁 전략에 기초한 응집력 있는 운동으로 조율되고 단결해야 한다.

인적 측면에서 볼 때, 육체 노동자든 정신 노동자든 조직 노동자층(동료 노동자들 사이에 확고한 기반이 있고 사회주의의 필요성과 그 실현 방법을 공유하는)이 많이 창출돼야 한다. 아니, 더 정확히 말하면 재창출돼야 한다. 1920년대에는 영국과 전 세계에 그런 노동자층이 존재했다. 그런 노동자층이 처음에는 스탈린주의 때문에, 나중에는 스탈린주의·파시즘·신新개혁주의의 복잡한 상호작용 때문에 해체되면서 선진 자본주의 나라들에서 진정한 사회주의 전통은 극소수의 신념으로 전락했다. 그랬던 사회주의 전통이 다시 떠오르면서, 오래된 논쟁이 새롭게 되살아나고 있다. 사회주의 조직의 성격이 다시 쟁점이 된 것이다.

사회주의 투사들의 조직이 필요하다는 생각은 일부 아나키스트 순수주의자들을 제외하고는 좌파에게 공통된 생각이다. 그러나 어떤 종류의 조직인가? 새롭게 급진화한 학생들과 젊은 노동자들 사이에 널리 퍼져 있는 한 가지 견해는 자유지상주의적인 것이다. 사실, 그것은 서로 다른 여러 경향들을 아우르는 포괄적 용어다. 이 경향들이 공유하는 것 가운데 핵심은 집중적이고 조율된 행동을 적대시한다는 점과 '지도' 비슷한 것은 죄다 근본적으로 의심한다는 점이다. 이런 관점에서 보면, 활동가 집단의 느슨한 연합체 이상은 필요하지도 않고 바람직하지도 않다. 이런 생각의 밑바탕에 깔린 가정은 중앙집권적 조직은 반드시 관료적 변질을 겪게 된다는 것과 노동계급의 자발적 행동이야말로 사회주의를 성취할 수 있는 유일하고 충분한 기초라는 것이다.

첫째 가정의 근거는 겉보기에는 그럴듯하다. 20세기 초의 고전적 사회민주당들이 대표적 본보기다. 로베르트 미헬스가 '과두제의 철칙'을 공식화하면서 내세운 근거는 다름 아닌 독일 사회민주당이었다. 공산당도 처음에는 보수적 사회민주주의 관료들의 영향에 대항하며 정치의식 수준이 높은 노동자들을 끌어당겨서 건설됐는데 시간이 지나면서 점차 관료화·권위주의화하더니 기존의 노동계급 정당에서는 상상할 수 없을 만큼 심각하게 변질됐다. 더욱이, 기본적 대중조직인 노동조합도, 지도부의 정치적 성향이 어떻든 간에, 도처에서 관료화의 대명사가 됐다.

이런 근거에서 일부 자유지상주의자들은 혁명적 사회주의 정당이 개념상 모순이라는 결론을 끌어냈다. 물론 이는 전통적인 아나코-생디칼리즘의 견해다. 더 흔한 견해는, 상황이 유리하다면 당이 기성 체제에 포섭되지 않을 수 있다는 점을 인정한다. 그러나 당은 관료화할 수밖에 없으므로 불가피하게 당 구조 내에 새로운 지배 집단의 맹아를 포함할 것이고, 혁명에 성공하면 새로운 착취 집단을 형성할 것이라고 이들은 주장한다. 권력을 장악한 스탈린주의 정당의 경험이 그 증거라는 것이다.

이런 견해가 매우 그럴듯해 보이는 것은 이 주장의 매우 추상적이고 보편적인 성격에서 비롯한다. 요즘 유행하는 '털 없는 원숭이' 주장과 이 견해를 동일시하는 것이 공평하지 않을지 모르지만, 심리적 호소라는 점에서 분명 유사성이 있다. 모리스와 아드리 같은 저자들은 이른바 불변의 인간(또는 동물) 본성에서 이런저런 '필연성'을 도출하기 위해 실제 사회와 투쟁을 분석하는 복잡하고도 어려운 일은 하지 않는다. 이와 마찬가지로 많은 자유지상주의자들도 실상을 알려는 노력은 하지 않은 채 공식 조직의 해악에 관한 매우 일반적인 생각에서 곧장 구체적 결론으로 나아간다. 그래서 그들은 스탈린 체제를 레닌이 중앙집권적 당을 선호한 '필연적' 결과로 본다. 30분이면 쉽게 파악할 수 있는 몇 가지 일반적 개념과 이른바 '보편적 진리'가 중요한 이론적 도구를 대체한다. 현실 세계는 매우 복잡하기 때문에, 즉흥적인 사회적 지혜의 요소들을 사용하면 꽤 안심이 된다. 그러나 안타깝지만 이런 지혜도 오해의 소지가 매우 많다.

'중앙집권적 조직 = 관료주의 = 변질'이라는 등식은 사실 세속판 원죄설이다. 종교적 원죄설과 마찬가지로 세속판 원죄설도 근본적으로 반동적 결론으로 이어진다. 이 주장에는 노동자들이 자신의 조직을 집단적·민주적으로 통제할 수 없다는 의미가 함축돼 있기 때문이다. 이 주장이 사실로 입증된 사례가 많다고 하더라도 이것이 필연적으로 참일 수밖에 없다고 주장하는 것은 진정한 의미의 민주주의가 불가능하므로 사회주의도 불가능하다고 주장하는 것과 마찬가지다.

바로 이것이 20세기 초 '신新마키아벨리즘' 사회이론가들이 도출했고 현대 사회학계에 깊이 뿌리내린 결론이다. 마찬가지로 이 결론은 현대 사회민주주의 이론의 근간을 이룬다. 물론 자유지상주의 사회주의자들은 이런 결론을 받아들이지 않을 것이다. 그들의 핵심 견해는 엘리트와 대중, 지도자와 피지도자, 지배자와 피지배자는 항상 있기 마련이라는 낡고 진부한 생각이 틀렸다는 것이다. 그렇지만 조직 문제를 대하는 그들의 사고방식에는 정반대 결론이 내재하는데, 모든 복잡한 사회에는 형식적 조직들이 있을 수밖에 없다는 단순한 이유 때문이다.

사실, 사회주의 조직 문제를 둘러싼 유용한 논쟁은 '보편적' 일반론 수준에서 벌어질 수 없다. 조직은 진공상태에서 존재하지 않는다. 특정한 역사적 상황에 놓인 현실의 사람들이 조직을 구성하며, 그들은 제한된 대안들을 갖고 현실 문제를 해결하려 한다. 이런 명백한 사항들을 제대로 고려하지 않으면 토론을 망치게 된다. 이 점은 특히 스탈린 체제의 기원에 대한 논쟁에서 분명히 드러난다.

볼셰비즘이 스탈린 체제를 낳았다는 것은 대다수 자유지상주의자들의 신념이다. 그것은 대다수 사회민주주의, 자유주의, 보수주의 저자들의 견해이기도 하다. 물론 순수하게 형식적인 의미에서 스탈린 체제의 관료가 볼셰비키 정당에서 출현했다는 것은 명백한 사실이다. 그런데 이런 견해는 그다지 설득력이 없다. 그런 식의 논리라면, 예수가 스페인 종교재판의 아버지이고 에이브러햄 링컨이 미국 제국주의의 아버지라고 말할 수도 있기 때문이다. 그러나 이런 진술이 유용한 결론으로 이어진다고 생각하는 사람은 아무도 없다. 문제는 스탈린 체제가 왜, 어떻게 등장했느냐와 그 과정에서 볼셰비키당의 구조가 어떤 구실을 했느냐다.

다니엘 콩방디가 자신의 책 《케케묵은 공산주의Obsolete Communism》 에서 이 문제를 다룬 방식이 그런 오류를 잘 보여 준다. 콩방디는 다음과 같이 주장했다. "볼셰비키는 1917년 2월에서 10월 사이에 러시아 혁명을 지도하기는커녕 대중투쟁을 후퇴하게 만들었고, 그 뒤에는 혁명이 관료적 반혁명으로 뒤바뀌도록 한 책임을 져야 한다. 두 경우 모두 당의 성격, 구조, 이데올로기 때문이었다."

첫째 지적은 여기서 다루기가 적절치 않으므로 나중에 논의하겠다. 둘째 지적은 레닌과 트로츠키의 악의를 보여 주고자 적절하게 선별한 인용문들로 뒷받침됐다. 레닌이 1917년에는 선출된 노동자 위원회가 기업을 운영하는 것을 선호했지만 1918년에는 1인 경영을 강력하게 옹호했고, 1920년에 트로츠키는 노동의 군사화를 주장했고, 1921년 크론시타트 반란 진압은 러시아 노동자들이 권력을 잃는 과정에서 중요한 전환점이었다는 콩방디의 주장은 옳다. 콩방디의 설명에서 정말 놀라운 점은 이런 일들이 벌어진 상황을 완전히 무시한다는 점이다. 즉, 제1차세계대전과 내전의 참화, 러시아 공업의 파괴, 노동계급의 사실상 해체 등을 말이다. 그래서 이 모든 일은 그 결과와 아무 관련이 없는 것처럼 보인다. 콩방디는 러시아가 후진국이었고 독일 혁명의 실패로 고립됐다는 사실을 지나가는 말로 인정하기는 하지만 "이런 일반적 요인들로는 그것[혁명 — 핼러스]이 겪은 구체적 전환을 결코 설명할 수 없다"고 말한다.

그런데 흔히 특정 사회 단계에서 가능한 사회조직 형태와 생활 필수품 생산의 수준·형태 사이에는 모종의 연관이 있다고들 생각한다. 매우 안타깝게도 이 점은 분명히 사실이다. 그렇지 않다면 인간은 구석기시대에서 곧장 사회주의로 도약할 수도 있었을 테니 말이다.

그러나 사회주의의 전제 조건 가운데 하나가 매우 높은 노동생산성과 고도의 산업 발전이라는 점을 인정하면 콩방디가 가볍게 폐기한 '일반적 요인들'의 일부는 확실히 중요하다. 혁명 당시 러시아는 단순한 후진국이 아니었다. 물론 당시 선진 자본주의 나라들의 기준으로 보면 러시아는 정말 후진적이었다. 전체 인구의 80퍼센트는 여전히 농업에 종사했다(당시 영국의 농업 인구는 4.5퍼센트였다). 경제학자 콜린 클라크는 1913년 러시아의 취업 인구 1인당 실질소득이 306단위라고 할 때 영국은 1071단위였다고 추산했다. 사실 클라크가 계산한 수치를 보면 영국의 1인당 실질소득은 이미 1688년에 러시아의 1913년 수준보다 높은 370단위쯤 됐다. 이런 추정 수치들은 모두 오차가 크지만, 아무리 높게 잡더라도 20세기 초에 러시아가 억압 없는 사회로 당장 바뀔 가능성은 아주 희박했다. 정말이지 사람들은 빵만으로 살지 않는다. 문화적 유산도 중요하다. 그런데 당시 러시아의 문화적 유산은 차르 체제의 야만성이었다. 고립된 러시아에서 사회주의가 당면 의제가 될 수 있다고 생각하는 경향이 혁명 전의 러시아 마르크스주의 운동에는 존재하지 않았다는 사실은 결코 놀라운 일이 아니다. 물론 나로드니키는 이런 환상을 품고 있었지만 말이다.

1913년의 경제 상황은 말 그대로 비참했지만 그 후의 시기와 견주면 풍요로운 편이었다. 전쟁, 혁명, 내전, 외국의 간섭 때문에 생산 기구는 산산조각 났다. 1919년 5월 러시아 공업의 연료 공급은 보통 때의 10퍼센트 수준까지 감소했다(E H 카의 《볼셰비키 혁명》(London, 1966) 2권에 나온 수치). 그해 말에는 전체 철로의 79퍼센트가 고장 나 있었다. 러시아처럼 엄청나게 넓은 나라에서 동력 운송이 사실상 존재하지 않게 된 것이다. 1920년 말에는 제조업 총생산량이 1913년 수준의 12.9퍼센트로 떨어졌다.

이런 상황이 노동계급에게 미친 영향은 재앙적이었다. 1918년 12월 페트로그라드의 노동자 숫자는 2년 전의 절반으로 줄었다. 1920년 12월까지 페트로그라드 주민의 57.5퍼센트가 도시를 떠났다. 같은 기간에 모스크바에서는 44.5퍼센트가 도시를 떠났다.

1917년에 러시아의 산업 노동자는 300만 명이 넘었는데 1921년에는 125만 명으로 줄었다. 러시아의 노동계급은 말 그대로 기아에서 벗어나려고 시골로 흩어졌다. 시골로 사라진 것이다! 전쟁, 기아, 발진티푸스, 적군과 백군의 강제 징발, 성냥·양초·실 등의 공산품 품귀 현상이 1920~21년 러시아의 실상이었다. 트로츠키는 일부 지역에서 인육을 먹는 일까지 있었다고 말했다.

이런 절망적 상황에서 볼셰비키는 노동계급의 지배를 당의 지배로 대체했다. 안 그래도 전체 인구 가운데 소수였던 노동계급은 그 수가 급감하고 기진맥진한 상태였다. 그리고 당내에서는 당 기구가 급성장하면서 점차 당원들의 통제를 벗어나기 시작했다. 이 모든 것은 명백한 사실이지만, 여기에는 당의 "성격, 구조, 이데올로기"보다는 실제 상황이 더 큰 영향을 미쳤다고 보는 것이 합리적인 듯하다. 사실, 당시 볼셰비키당의 내부 분위기는 놀랄 만큼 자유로웠다.

이 문제를 가장 균형 있게 요약한 사람은 빅토르 세르주다. 세르주 자신이 자유지상주의 성향이 강한 공산주의자였고 당시의 과정을 직접 목격하며 경험한 사람이었다.

흔히 "스탈린 체제의 세균은 처음부터 볼셰비즘 속에 있었다"고들 한다. 글쎄, 그럴지도 모르겠다. 그렇지만 볼셰비즘에는 다른 많은 세균들, 무수히 많은 다른 세균들도 있었다. 처음으로 승리한 혁명의 초창기에 열광하며 살았던 사람들은 이 사실을 잊지 말아야 한다. 사망 후 시체 부검에서 드러난 세균들, 어쩌면 태어날 때부터 몸속에 있었을지도 모르는 세균들로 산 사람을 판단하는 것이 과연 온당한 일인가?

러시아의 후진성을 감안하면, 어떤 세균이 번성하거나 사멸할지, 또 이런저런 잠재적 결과 가운데 어떤 결과가 현실이 될지는 무엇보다 국제 상황에 달려 있었다.

볼셰비키는 유럽 혁명이라는 맥락 속에서 권력을 장악했다. 각국의 혁명운동은 러시아의 차르뿐 아니라 독일의 카이저, 오스트리아의 황제, 터키의 술탄을 타도할 만큼 강력했다. 또 소비에트 정권을 전복하려는 외세의 개입을 저지할 수 있을 만큼 강력했다(물론 열강들 사이의 갈등도 도움이 됐다). 그러나 혁명운동은 결정적 전환점에 도달하기 전에, 즉 하나 이상의 선진국에서 노동계급 권력이 수립되기 전에 유산되거나 분쇄됐다. 돌이켜 보면, 1918~19년에 독일 혁명이 자본주의 민주공화국 단계를 넘지 못한 것이 결정적이었다. 스파르타쿠스단의 패배가 러시아 노동자 권력의 운명을 결정했다. 왜냐하면 선진국 경제, 특히 사회주의 독일의 실질적 경제원조만이 러시아 노동계급의 해체를 되돌릴 수 있었기 때문이다.

1921년에 레닌이 말한 "관료적으로 일그러진 노동자·농민 국가"가 전체주의적 국가자본주의로 바뀌는 실제 과정은 길고 복잡했다. 이 글의 주제와 관련된 요점은 이 과정에서 볼셰비키 당 내의 모든 분파와 경향이 파괴됐다는 것이다. 반혁명을 위해서는 좌우의 여러 반대파를 없애는 것만으로는 부족했다. 볼셰비키당은 "혁명을 관료적 반혁명으로 전환"하는 데 적합한 도구가 아니었으므로 새 지배계급은 초창기 스탈린주의 간부들조차 대부분

제거한 뒤에야 자신들의 지위를 안정시킬 수 있었다.

소련 공산당 17차 당대회가 열린 1934년 무렵에는 이미 오래전부터 당내의 공개적 반대가 모조리 억압당하고 있었다. 1956년에 흐루쇼프는 17차 당대회에 참석했던 대의원들(대부분 스탈린주의자였다)의 운명을 공개했다. "대의원 1966명 가운데 1108명이 체포됐고, … 대회에서 선출된 당 중앙위원과 후보위원 139명 가운데 70퍼센트인 98명이 체포되거나 처형당했다." 요컨대, 과거에 볼셰비키 전력이 있는 사람들 대다수(17차 당대회 대의원의 80퍼센트가 1921년 이전에 당에 가입한 사람들이었다)가 제거됐고, 노동계급 운동과 미미한 연관조차 거의 없는 "전혀 오염되지 않은" 새 인물들로 대체됐다.

이런 사건들은 매우 근본적이고 지속적인 결과를 초래했지만, 볼셰비키 조직의 실천상의 결함과는 완전히 다른 차원의 문제다(그런 결함이 사실이든 일방적 주장이든 말이다). 이렇게 보지 않는다면 많은 자유지상주의자들과 마오주의자들처럼 극단적 주의주의主意主義의 함정에 빠지고 말 것이다.

그렇다고 해서 조직 문제의 결정적 해법이 볼셰비키 모델이어야 한다는 말은 아니다. 20세기 후반의 자본주의라는 사뭇 다른 조건에서 레닌의 1903년 견해를 둘러싸고 찬반 논쟁을 벌이는 것은 옳고 그름의 문제가 아니라 부적절하다. 일부 마오주의·트로츠키주의 종파들이 말하는 '전위당'론은 자유지상주의와 동전의 양면이다. 둘 다 현실을 보는 관점이 매우 추상적이고 잘못돼 있다.

여기서 쟁점은 비유의 유용성이다. 모름지기 실질적인 혁명적 사회주의 정당이라면 어떤 의미에서 '전위'라는 것은 분명하다. 그러나 전위 개념이 엘리트주의적 주장이라는 것은 결코 사실이 아니다. 엘리트주의의 핵심은 능력, 인식, 경험상의 차이가 불변의 유전적·사회적 조건에서 비롯하며, 대다수 사람들은 현재든 미래든 자치 능력이 없다는 주장이다. 엘리트주의를 거부한다는 것은 그런 차이의 원인이 모두 또는 일부라도 바뀔 수 있음을 인정한다는 뜻이다. 그렇다고 해서 차이 자체를 부정하는 것은 아니다.

'전위당'론에 반대하는 진정한 이유는 흔히 그것이 낡은 세계관의 일부이기 때문이다. 즉, 사람들의 주의를 현실 문제에서 멀어지게 하고 극단적인 경우에는 체계적 허위의식(마르크스주의의 엄밀한 용어로는 이데올로기)으로 돌리기 때문이다.

전위는 대체로 같은 방향을 향해 나아가고 모종의 견해와 염원을 공유하는 주력부대를 의미한다.

예를 들어 트로츠키가 1920년대와 1930년대 초의 독일 공산당을 독일 노동계급의 전위로 묘사한 것이 적절한 사례다. 당시 독일 공산당 당원 25만 명 중에는 가장 정치의식이 높고 활력 있고 자신감 있는 노동자들이 포함돼 있었다. 또한 공산당의 활동 기반이었던 독일 노동계급은 대부분 마르크스주의 사상의 기본 요소 몇 가지를 받아들였고, 특히 1929년 이후 그들이 직면한 사회적 위기는 바이마르공화국의 틀 안에서는 해결될 수 없는 심각한 것이었다.

이런 상황에서 당의 행동은 결정적으로 중요했다. 당이 무엇을 했고 무엇을 하지 못했느냐가 유럽과 세계사의 전체 과정에 영향을 미쳤다. 당시 서로 대립하던 공산주의 그룹들은 전술, 역사, 이론의 세부 사항들을 놓고 날카로운 논쟁을 벌였는데, 이런 논쟁은 중요한 성과였을 뿐 아니라 완전히 정당했고 또 필요했다. 특정 상황에서 전위는 정말로 결정적이었다. 트로츠키의 뛰어난 비유대로, 전철기轉轍機*가 바뀌었다면 독일 노동자 운동이라는 거대한 기차 전체의 방향도 바뀌었을 것이다.

오늘날의 상황은 매우 다르다. 기차가 없다. 유능하고 활력 있는 신세대 노동자들이 존재하지만, 이들은 응집력 있는 운동의 일부가 아니며, 기본적 마르크스주의 사상이 널리 퍼져 있는 환경에서 활동하는 것도 아니다. 우리는 다시 출발점으로 돌아왔다. 진정한 의미의 전위, 즉 상당수의 혁명적 조직 노동자와 지식인 집단은 파괴됐다. 전위에 영향을 미치는 환경과 전통도 마찬가지로 파괴됐다. 영국에서 그 전통은 독일이나 프랑스만큼 광범하고 영향력이 크지는 않았지만 영국 공산당 초기에는 매우 실질적이었다.

---

* 철도에서 차량을 다른 선로로 옮길 수 있도록 선로가 갈리는 곳에 설치한 장치.

문제의 핵심은 이제 시작된 전위 재창출 과정을 어떻게 발전시킬 것인가다. 그람시가 말했듯이, 군대를 만드는 것보다 장군을 만드는 것이 훨씬 더 어려운 일일 수 있다. 그러나 분명한 사실은 군대 없는 장군은 완전히 무용지물이라는 것이다. 흔히 진공상태에서 군대를 만들어 낼 수 있다고 생각하지만 말이다. 사실, 극단적 형태의 '전위주의'는 마르크스주의를 관념론적으로 왜곡한 것이다. 계급투쟁을 도덕주의적 관점으로 보기 때문이다. 이 견해는 노동자들이 자유를 갈망하고 언제나 투쟁 의지와 각오가 충만하지만 항상 부패하고 반동적인 지도자에게 배신당한다고 본다. 기회만 있으면 대의를 배신하려는 확고한 속내를 급진적 미사여구로 감추는 '좌파' 지도부가 특히 해악적이라는 것이다.

물론 그런 일들이 벌어지는 것은 사실이다. 영국 노동운동에서 사전적 의미의 부패는 생소한 현상이 아니고, 더 미묘한 형태의 부패는 널리 퍼져 있다. 그러나 예를 들어 전후 영국사를 이런 '배신'으로 설명할 수 있다는 생각은 터무니없이 일면적이고, 이런저런 종파를 중심으로 '새 지도부를 세우고' 이 지도부를 노동자들에게 대안으로 제시하기만 하면 모든 문제가 해결될 것이라는 생각은 어리석다.

현실은 훨씬 더 복잡하다. 노동계급 지도부의 요소는 이미 존재한다. 일상적으로 작업 현장에서 노동계급 조직을 실제로 유지하는 활동가와 투사들이 사실상의 지도부다. 그들이 흔히 어느 정도는 개혁주의나 스탈린주의 사상, 또는 더 반동적인 사상의 영향을 받는다는 사실을 배신으로 설명할 수는 없다. 그들 자신의 경험과, 신뢰할 만하고 현실적인 사회주의 경향이 없다는 사실, 이 두 측면에서 설명해야 한다.

첫째 요인이 핵심이다. 지난 20여 년 동안 선진국에서 개혁주의 경제정책들은 성공을 거뒀다. 항상 성공한 것도 아니고 모든 사람에게 성공적인 것도 아니었지만, 아주 많은 사람들이 아주 오랫동안 개혁주의가 실현 가능하다고 생각했다.

상황이 바뀌면, 둘째 요인이 점점 더 중요해지고, 전위 개념의 지나친 강조가 [혁명적 사회주의] 전통과 활동가들의 융합 과정을 사실상 가로막을 수 있다.

지도부/배신 공식의 부정적 특징 하나는 모든 문제의 답을 이미 알고 있다는 가정이다. 모든 문제의 답은 분명하고 최종적인 강령에 이미 포함돼 있다. 강령의 순수성을 보호하는 것이 선택받은 극소수의 주된 임무 가운데 하나다. 새로운 문제에는 새로운 답이 필요하고 동료 노동자들을 가르칠 뿐 아니라 그들에게 배울 필요도 있다는 생각은 달갑지 않게 여겨진다. 그러나 이것은 근본적 문제다. 개인뿐 아니라 조직도 전지전능할 수는 없다. 어느 정도의 겸손과 유연성, 자기 한계에 대한 인식이 필요하다.

이를테면 1938년에 쓰인 강령이 1970년대의 문제들을 해결할 수 있는 완벽한 해결책이라는 주장은 언뜻 봐도 별로 설득력이 없다. 상당한 수준의 사회주의 운동을 재창조하려면 낡은 개념들을 많이 수정해야 한다는 점은 명백하다. 사상, 적어도 유용하고 효과적인 사상이라면 현실과 모종의 연관이 있기 마련인데, 오늘날의 세계는 엄청나게 급변하고 있다는 말조차 진부하게 들릴 만큼 빠르게 변하고 있다.

사실, 모든 중요한 분야의 부분적·과도적 목표와 전술을 구체적으로 표현한 것이 강령이므로 강령의 발전은 운동 자체의 발전과 떼려야 뗄 수 없다. 운동은 수많은 사람이 자신의 분야에서 적극적으로 활동하고 참여하는 것을 전제한다. 사회주의자의 임무는 자신의 이론과 목표를 투사들의 문제나 경험과 연결하고 종합해서 행동을 위한 실천 지침과 전진을 위한 도약대를 마련하는 것이다. 이러한 종합은 실제로 참여자의 활동 지침이 되고 실천에 비춰 수정될 때, 그리고 실천 자체의 결과인 상황 변화에 따라 바뀔 때만 의미가 있다. 이것이 바로 '강령을 위한 투쟁'(너무도 자주 '강령 만능주의'로 변질되는)의 진정한 의미다.

국제주의도 마찬가지다. 국제주의, 즉 전 세계 노동자의 장기적 공통 이익을 인식하고 이 이익을 부문적·민족적 고려 사항보다 우선시하는 태도는 사회주의의 기본이다. 오늘날 거대 다국적 기업의 비중과 영향력이 커지면서 이 점은 그 어느 때보다 더 명백해졌다. 순전히 일국적 기반에 안주하는 사회주의 조직은 있을 수 없다. 이 근본적 진리를 일관되게 강조한 것은 트로츠키주의 조직들의 공로라 할 수 있다.

그러나 이로부터 흔히 도출된 결론, 즉 "인터내셔널에서 시작해야 한다"는 주장은 과도한 '지도부' 중시가 낳은 또 다른 폐해다. 여러 나라에서 종파에 불과한 조직들이 모여 만든 '인터내셔널'은 허상일 뿐이다. 그것도 해로운 허상이다. 왜냐하면 경험이 보여 주듯이, 그것은 웅장한 망상으로 이어져 현실 문제를 회피하기 때문이다. 제4인터내셔널을 자처하는 조직이 자그마치 세 개나 존재하면서 중세의 라이벌 교황들처럼 서로 상대방을 파문하는 우스꽝스러운 상황은 국제 수준에서 초超전위주의가 파산했음을 잘 보여 준다.

진정한 국제주의 경향을 발전시키려면(이런 경향이 없다면 인터내셔널에 관한 온갖 논의는 모두 자기기만이다) 각국의 구체적 노동자 투쟁을 서로 연결하는 것에서 출발해야 한다. 예를 들면 영국과 독일의 포드 노동자들의 투쟁을 연결한다거나 런던과 로테르담의 항만 노동자들의 투쟁을 서로 연결하는 식으로 말이다. 이것은 이 노동자들이 실제로 존재하는 곳, 즉 각 나라에서 출발한다는 뜻이다. '국제 지도부', '세계 대회' 따위의 거창한 생각은 제쳐 두고 자국에서 선전과 선동이라는 단조로운 과제를 수행하면서, 종파주의적 환경 밖에 있는 선진 노동자들에게 중요한 국제적 연계(처음에는 아무리 제한적일지라도)를 발전시켜야 한다.

여러 나라 사회주의 단체들 사이의 회합과 토론도 중요하고 이론적 논쟁도 중요하지만 무엇보다 노동자 단체들 사이의 실질적 연계를 건설하는 것이 핵심이다. 이런 연계가 상당한 규모로 구축된 뒤에야 인터내셔널 재건을 위한 전제 조건이 형성될 것이다. 현 상황은 레닌과 제3인터내셔널보다는 마르크스와 제1인터내셔널 시기의 상황과 비교하는 것이 몇 가지 점에서 더 적절하다. 그러나 둘 다 기계적으로 따를 수 있는 청사진을 제공하지는 않는다.

물론 '전위'라는 비유적 개념에서 진실이라는 중요한 열매를 얻으려면 모든 찌꺼기를 버려야 한다. 그것은 노동 대중의 의식, 자신감, 경험, 활동이 지극히 불균등하다는 사실을 인식하는 데 달려 있다. 노동계급 가운데 현재의 대중조직 활동에 어느 정도 실제로 관여하는 노동자들은 비교적 소수인 데다 끊임없이 바뀐다. 더 많은 노동자들은 간헐적으로 관여하고, 대다수는 예외적 상황에서만 활동에 이끌린다. 심지어 노동자의 대다수가 행동(파업이나 집세 납부 거부 투쟁 등)에 참가하고 있을 때도 이러한 행동의 목표는 대체로 부문적이고 제한적이다. 다소 정기적으로 벌어지는 단 하나의 중대한 예외, 즉 노동계급 정당처럼 보이는 정당에 투표하는 행위도 점차 의례적인 것이 되고 있다. 심지어 여기서도 명심해야 할 사실이 하나 있다. 전후 모든 선거에서 노동계급의 3분의 1은 보수당에 투표했다는 것이다.

이처럼 널리 알려진 사실을 말하면 노동계급을 배신했다거나 중상모략한다는 비난을 듣기도 한다. 그러나 이것은 현재 존재하는 사실을 말한 것일 뿐 아니라 자본주의 계급사회가 '민주적' 형태로 계속 유지되려면 무엇이 존재해야 하는지를 말한 것이기도 하다. 수많은 사람들이 자신이 처한 조건을 바꾸려고 실제로 직접적·집단적·지속적 행동에 나서면 그들은 자신들을 변화시킬 뿐 아니라 자본주의의 토대 자체도 약화시킨다. 당은 무엇보다 종파나 자칭 지도부가 아니라 진정한 전위, 즉 더 선진적이고 의식 있는 소수의 노동자들에게 자신감과 응집력을 제공해서 대중을 설득하게 할 수 있다는 점에서 중요하다. 따라서 이런 소수를 중요한 일부로 포함하지 않는 당은 당이라 할 수 없다.

[정치적] 무관심의 문제는 이런 맥락에서 살펴봐야 한다. 흔히 지적하듯이, 무관심의 핵심은 사태 전개에 기껏해야 하찮은 영향만을 미칠 수 있다고 느끼는 무기력감, 무능력감이다. 바깥 세계를 외면하는 무관심의 증대, 원자화의 가속화는, '일국적' 제약을 빠져나갈 수 있는 국제적 자본주의 기업들의 힘이 계속 커지면서 개혁주의 정치가 제구실을 하지 못하고 쇠퇴한 것과 밀접한 연관이 있다. 바로 이 때문에, 신뢰할 만한 대안이 제시되면 무관심은 매우 빨리 그 반대로 바뀔 수 있는 것이다.

그런 대안은 원칙을 일반적으로 고수하는 개인들의 집합에 그쳐서는 안 된다. 그런 대안은 상호 훈련과 논쟁의 중심이어야 하고, 신참 활동가의 수준을 고참 활동가 수준으로 끌어올리는 중심이어야 하고, 사무직 노동자와 육체 노동자, 과학적 사회주의 사상을 가진 지식인의 경험과 전망을 서로 융합하는 중심이어야 한다. 그런 대안은 지배계급이 자신들의 핵심 집단에게 공통의 세계관, 전통, 충성심을 주입하는 각종 제도, 전문학교, 대학교, 클럽, 연회 등을 대체해야 한다. 그럴 때 투사들은 동료 노동자들과 단절되지 않도록 주의해야 한다.

논점을 흐리는 진부한 질문, 즉 사회주의 의식이 노동자들 사이에서 '자발적으로' 생기는지 아니면 '외부에서' 지식인들에 의해 주입되는지는 현대 상황에서는 전혀 유효하지 않다. 이것은 엄밀히 말해서 질문거리도 되지 못한다. 왜냐하면 거의 자율적인 노동계급 세계관이 존재하고 거기에 뭔가가 주입될 수 있다고 가정하기 때문이다. 리처드 호거트 같은 작가들이 애정을 갖고 묘사한 비교적 동질적인 노동계급 세계관이 흔히 생각하는 것만큼 그렇게 자율적이었는지는 의문이다. 어쨌든 이 질문은 사회 상황의 변화와 무엇보다 대중매체 때문에 무의미해졌다. 텔레비전을 보는 노동자들에게 '외부에서' 사상이 주입되는지 아닌지를 놓고 논쟁하는 것은 좀 우습다. 분명 대다수 노동자, 특히 활동가들은 증권가 사람들과는 사물을 보는 시각이 다르다. 이것은 그들의 삶의 경험이 다르기 때문이다. 그러나 노동자들은 환경에 수동적으로 대응하는 자동인형이 아니다. 모든 사람은 모종의 세계관,

판단의 잣대가 되는 모종의 준거 틀, 모종의 사회관을 갖고 있다. 대중매체나 교육기관 같은 많은 기구의 주된 기능 가운데 하나는 사회학자들이 '사회화'라고 부르고 옛 세계산업노동자동맹IWW[*]이 '세뇌'라고 부른 것이다. 지배계급에게 유리한 견해들이 우리의 일상적 상식이다. 버스 운전사든 미학 교수든 개인이 이런 식의 길들이기에 저항할 수 있는 수준에는 한계가 있다. 오직 집단만이 체계적인 대안적 세계관을 발전시킬 수 있고, 노동자와 지식인 등 모든 사람에게 강요된 정신노동과 육체노동의 소외나 부분적·파편적 현실관을 어느 정도 극복할 수 있다. 로자 룩셈부르크가 "과학과 노동자들의 결합"이라고 부른 것은 결코 혁명정당 밖에서는 생각할 수 없다.

혁명정당은 철저하게 민주적인 기초 위에서만 건설될 수 있다. 당내에서 활발한 논쟁이 벌어지지 않고 다양한 경향과 미묘한 견해차가 드러나지 않는다면 사회주의 정당은 종파 수준을 넘어 발전할 수 없다. 당내 민주주의는 추가 선택 사항이 아니다. 당내 민주주의는 당원들과 그들의 활동 기반인 계급 사이의 관계에서 필수적이다.

아이작 도이처는 1920년대 말과 1930년대 초의 공산당을 논하면서 이 점을 잘 설명했다.

---

* 1905년 결성된 미국 최초의 전국적 산별노조.

유럽의 공산당원은 노동계급 청중 앞에서 자기 주장을 펼 때마다 거의 항상 사회민주당원과 마주쳤으므로 사회민주당원의 주장을 반박하고 그의 구호에 반대해야 했다. 그러나 거의 대다수 공산당원은 그럴 수 없었다. 왜냐하면 당내에서 정치적 논쟁의 습관을 기르지 못해서, 정치적 견해가 다른 사람들을 설득할 능력을 잃어버렸기 때문이다. 공산당원은 항상 자신의 정설만 생각해야 했으므로 상대방 주장의 허점을 적절히 파고들지 못했다. … 그는 지시받은 주장과 구호를 기계적으로 맹신하고 앵무새처럼 되풀이했다. … 흔히 소련을 비판하는 주장에 답변하라는 요구를 받았지만 설득력 있게 답변하는 경우는 드물었다. 공산당원이 노동자들의 조국에 감사 기도를 하고 스탈린을 찬양하면 제정신을 가진 청중은 그를 조롱하기만 했다. 이렇듯 스탈린주의 선동이 효과가 없었기 때문에, 여러 해 동안 가장 유리한 환경에서조차 공산당의 선동이 사회민주당의 개혁주의에 대항해서 거의 또는 전혀 효과가 없었던 것이다.

이와 비슷한 일들은 지금도 계속되고 있다.

투사들의 자기 교육은 교조적 정설이 득세하는 분위기에서는 불가능하다. 차이점을 자유롭게 공개적으로 주장하는 분위기에서 벌어지는 진지한 논쟁을 통해서만 사상에 대한 자기 확신과 자신감이 발전한다. '획일적 당'은 스탈린주의 개념이다. 획일성과 민주주의는 양립할 수 없다.

당연히 당은 어떤 견해든 주워 담을 수 있는 큰 가방 같은 것이 아니다. 당원 자격은 최종 목표, 즉 노동계급이 경제와 사회를 민주적·집단적으로 통제하는 체제라는 목표에 진지하게 헌신하는 사람으로 제한된다. 이런 제한은 있지만 민주적 조직에서는 전략과 전술에 대한 다양한 견해가 필수적이고 필연적이다. 종파의 특징인 이단 축출은 자멸적이다. 유사종교적 맹신 분위기는 사회주의 전통과 광범한 노동자층이 다시 만나는 데 어울리지 않는다.

모름지기 만만찮은 조직이라면 다음과 같은 두 가지 규율 중 하나가 반드시 필요할 것이다. 하나는 명령과 규정으로 강요된 인위적 만장일치 체제의 규율인데, 이것은 사회주의 조직에서 역효과를 낸다. 다른 하나는 공동 활동, 상호 교육, 노동자들의 자발적 행동에 대한 현실적이고 책임 있는 관계에 바탕을 둔 공통의 전통과 충성심에서 비롯하는 규율이다.

자발성은 하나의 사실이다. 그러나 이 말은 무슨 뜻인가? 정치 활동, 심지어 노동조합 활동도 하지 않는 노동자들조차 자신이나 다른 사람을 위해 행동한다. 조직의 관점에서 보면 이 행동은 '자발적'이다. 그러나 그 노동자의 관점에서 보면 이 행동은 의식적이고 계획적이다. 이런 일은 끊임없이 벌어질 뿐 아니라 이른바 '후진적' 노동자들 사이에도 널리 퍼져 있는 자치 염원을 반영한다. 이것은 계급투쟁의 초보적 표현이다. 이런 일이 없다면 계급의식적 투사들은 허공에 붕 뜨게 될 것이다. 진부하지만 유용한 비유를 들자면, 노동계급 조직이라는 피스톤을 움직이는 것은 다름 아닌 증기다.

증기가 없는 피스톤은 쓸모가 없다. 피스톤으로 압축되지 않는 증기의 효과는 제한적이다. 자발성과 조직은 둘 중 하나를 선택해야 하는 관계가 아니다. 이 둘은 점점 더 많은 노동자가 자신의 현실 상황과 이를 바꿀 수 있는 자신들의 힘을 인식하게 되는 과정의 서로 다른 측면일 뿐이다. 이 과정의 발전은 조직된 투사들의 대화에 달려 있다. 즉, 그들이 주장할 뿐 아니라 경청하고, 당의 강점뿐 아니라 한계도 인식하고, 동료들의 의식 속에 담긴 염원을 실현하는 데 필요한 정치와 동료들의 실제 의식 사이의 관계를 깨닫는 데 달려 있는 것이다.

심지어 최고의 투사들조차 사태에 뒤처져서, 전에 투쟁적이지 않았던 노동자들보다 한동안 보수적 태도를 취하는 상황이 흔히 벌어진다. 이런 일은 능동적인 현장 조합원들에게 익숙한 경험이다. 어제는 단지 의식적인 사람들만 받아들이던 구호와 요구가, 투쟁이 기대치 이상으로 발전하면 부지불식간에 대다수에게 너무 제한적인 것이 될 수 있다. 당연히 활동가들의 많은 경험과 지식이 위험을 적절하게 감소시키기도 하지만, 급변하는 상황에서는 때때로 전진에 실질적 장애가 되기도 한다. 이와 똑같은 경향이 조직에서도 나타나기 마련이다. 이 점이 사회주의 정당에 대한 콩방디의 비판에서 타당한 요소다.

위험은 환경의 성격에 내재한다. 이런저런 집단의 갑작스런 의식 변화는 거의 예측할 수 없다. 예측할 수 있는 것은 변화를 재빨리 간파할 수 있는 감수성과 적절하게 대응할 수 있는 유연성이 필요하다는 사실뿐이다.

그런 자발적 정서 변화와 뜻밖의 격변도, 경험 많고 헌신적인 사회주의자들의 신중한 태도도 당을 반대하는 주장의 근거가 되지 못한다. 오히려, 노동자들의 의식이 불균등하고 산업별·지역별로 분리돼 있는 상황에서 다양한 집단의 여러 활동을 모아 내고 조정하는 데는 당이, 그것도 중앙집권적인 당이 필수적이다. 이런 집중과 조정 과정이 없다면 다양한 집단의 활동 결과는 지역적·부문적 성과에 그치고 말 것이다.

이것은 관료주의적으로 우스꽝스럽게 왜곡된 당(스탈린주의 때문에 많은 좌파가 진정한 당과 혼동하는)에 대한 반론이다. 이 점은 콩방디가 당의 보수성을 입증하려고 선별한 사례 가운데 하나, 즉 1917년 7월 볼셰비키당이 페트로그라드 노동자들에게 뒤처져 있었으며 노동자들의 시위를 억제하고 제한하려 했던 것을 보면 잘 알 수 있다. 당시 볼셰비키당은 러시아 전체 운동의 불균등한 발전에 내재한 딜레마에 사로잡혀 있었다. 트로츠키는 다음과 같이 썼다. "[한편으로] 페트로그라드가 더 후진적인 지방들과 단절될 수 있다는 두려움이 있었다. 다른 한편으로, 페트로그라드의 능동적이고 정열적인 개입으로 상황을 타개할 수 있다는 기대가 있었다." 이런 '보수성'은 다른 주요 지역 당원들의 압력이 반영된 것이었고, 그 당원들은 자기 지역 노동계급의 분위기를 전달하고 있었다. 이런 압력에 유연하게 대응할 수 있는 당이 존재했기 때문에 1917년에는 파리코뮌이 재현되지 않을 수 있었다. 물론 파리코뮌의 재현은 일어날 수 있는 가장 극단적 상황이지만, 이와 비슷한 문제들은 사태 전개의 단계마다 불가피하게 발생한다.

그래서 혁명적 사회주의 정당이 필요하다. 그러나 그런 당은 오래전부터 필요했다. 그렇다면 왜 1970년대에 이런 당을 건설하는 것이 가능하다고 생각해야 하는가?

기본적으로 이 주장은 《인터내셔널 소셜리즘》에서 발전시킨 세계경제 위기 분석에 의존하고 있다. 특히, 제2차세계대전 이후 수십 년 동안 노동계급이 직면한 문제의 부분적 해결책을 제공할 수 있었던 개혁주의 정치가 자본주의의 상황 변화에 따라 이제는 점점 더 그럴 수 없게 됐다는 분석에 의존하고 있다. 이것이 객관적 요인이다.

주관적 요인 가운데 가장 중요한 것은 스탈린주의 이데올로기의 영향력이 쇠퇴했다는 것이다. 과거에 스탈린주의가 좌파에 미친 영향은 정말 엄청났고, 그 때문에 대안을 건설하기가 사실상 불가능할 정도였다. 지난 15년 동안 스탈린주의의 영향력은 처음에는 천천히 나중에는 점점 더 빨리 사그라졌다. 오늘날 그 영향력은 완전히 해체됐다. 이러한 이데올로기 해체를 공산당 조직의 쇠퇴와 혼동해서는 안 된다. 영국 공산당은 확실히 쇠퇴했지만, 이것이 결정적 고려 사항은 아니다. 공산당은 여전히 많은 산업 투사들의 지지를 받고 있다. 그러나 공산당은 더는 낡은 원칙으로 지도하지 못한다. 공산당은 더는 스탈린주의 정당이 아니다. 공산당 내에는 온갖 종류의 경향이 존재하고, 이제는 소련이 무오류의 교황처럼 군림하지 못하기 때문에 획일적 당은 유지될 수 없다.

공산당의 실세 집단인 골런 지도부는 사실, 개혁주의자들이다. 지도부의 의중이, 일부 비판자들이 의심하듯이, 당을 해체하고 노동당으로 들어가는 것이든 아니면 영국 정치에 개혁주의 노동자 정당 넘버 투가 존재할 여지가 있다는 환상에 매달리는 것이든(이럴 가능성이 더 높은 듯하다) 둘 다 별 차이가 없다. 좌파 재결집의 방해물로서 공산당은 급속히 힘이 약해지고 있다.

노동당 좌파도 이전만큼 힘이 없다. 부분적으로 이것은 공산당의 쇠퇴를 반영한다. 왜냐하면 노동당 내 중요한 좌파들은 모두 과거에 공산당의 노동조합 기반에 크게 의존했기 때문이다. 다른 한편으로 노동당 자체 조직, 즉 청년위원회와 지구당 등이 쇠퇴(최근에 두드러진다)한 결과이기도 하다. 노동당 안에는 물론 수동적인 당원도 있지만 여전히 진지한 사회주의 활동가들도 있다. 그러나 노동당 내에서 꽤 규모 있는 사회주의 경향이 발전하는 것은 터무니없는 일은 아니지만 가능성은 거의 없는 듯하다.

혁명적 사회주의 정당을 시작할 수 있는 기초는 공산당에 의존하던 산업 투사들, 급진화하는 젊은 노동자들과 학생들, 그리고 혁명적 그룹들이다.

혁명적 그룹들은 중요하지만 어려운 문제다. 영국 좌파를 괴롭혀 온 종파주의의 근본 원인은 사회주의자들이 대중투쟁에 참가해서 성과와 영향력을 획득하지 못하고 고립됐기 때문이다. 이런 고립은 빠르게 사라지고 있지만 부정적 효과는 남아 있다. 즉, 부차적 차이를 부풀리거나, 전술적 차이를 원칙의 차이로 바꿔치기 하거나, 불리한 상황에서는 조직의 생존에 어느 정도 도움이 됐던 반쯤 종교적인 열정이 이제는 조직의 발전 가능성을 가로막거나, 이론적 보수성을 극복하지 못하거나, 달갑지 않은 현실에 눈 감는 관행 등이 모두 지속되고 있다. 종파주의적 서클 외부에 있는 노동자들과 학생들이 서로 융합하고 상호 침투할 때만 이런 문제들을 극복할 수 있다. [사회주의노동자당의 전신인 — 영어판 편집자] 국제사회주의자들은 이러한 상호 침투에 의미 있는 기여를 하고자 한다. 국제사회주의자들은 스스로 '지도부'라는 환상을 결코 갖지 않으면서도 영국과 전 세계에서 사회주의를 재건하는 데 이론적·실천적 기여를 하고자 노력한다.

트로츠키의 대리주의론

토니 클리프

20년 전 트로츠키는 암살당했다. 모든 위선을 매우 경멸했던 이 위대한 혁명가에게 바칠 수 있는 최고의 찬사는 그의 사상에 대한 비판적 연구일 것이다. 이 글은 그가 아주 젊었을 때 탁월하게 제기한 문제이자, 나머지 생애 동안 그를 괴롭힌 문제이며, 우리에게도 여전히 남아 있는 문제를 탐구하려는 노력의 일환이다. 그 문제는 당과 계급의 관계, 그리고 당이 계급을 대리할 위험에 관한 것이다.

정치 활동 초기에 겨우 스물네 살의 트로츠키는, 레닌의 당 조직 개념대로 하면 틀림없이 당이 '노동계급을 대리하고' 노동자들의 생각이나 염원과 무관하게 노동자들의 이름으로 노동자들의 대리인 노릇을 하는 상황이 벌어질 것이라고 예언했다. 즉, "당 기구가 당 전체를 대리하고, 다음에는 중앙위원회가 당 기구를 대리하며, 마지막에는 한 명의 '독재자'가 중앙위원회를 대리하는" 사태가 벌어질 수밖에 없다는 것이다.[1]

직업혁명가로 구성된 중앙집권적 당이라는 레닌의 당 개념에 반대해, 트로츠키는 서유럽 사회민주주의 정당을 모델로 하는 '기반이 광범한 당'을 주장했다. 트로츠키는 프롤레타리아 대중의 통제를 받으며 민주적으로 운영되는 대중정당만이 '대리주의'(트로츠키가 고안한 용어다)를 막을 수 있는 유일한 대안이라고 봤다.

그는 획일성에 반대하는 다음과 같은 항변으로 자신의 주장을 끝맺었다.

> 새로운 체제의 과업은 아주 복잡할 것이므로 정치와 경제를 건설하는 다양한 방식들 사이의 경쟁, 오랜 '논쟁', 사회주의 세계와 자본주의 세계 사이의 체계적 투쟁뿐 아니라 사회주의 내부의 수많은 경향들(프롤레타리아 독재가 수많은 새로운 … 문제들을 제기하자마자 필연적으로 나타날 경향들) 사이의 체계적 투쟁을 통하지 않고는 그 과업을 해결할 수 없다. 아무리 강력하고 '고압적인' 기구도 … 이런 경향들과 논쟁들을 억누를 수 없을 것이다. … 사회에 대해 독재 권력을 휘두를 수 있는 프롤레타리아는 자신에 대한 독

재를 결코 용납하지 않을 것이다. …

노동계급의 … 대열 속에는 분명히 상당수의 정치적 병자들이 포함될 것이고 … 낡은 사상이 무거운 짐처럼 그들을 짓누를 텐데, 노동계급은 그것들을 떨쳐 버려야 할 것이다. 지금과 마찬가지로 노동계급 독재의 시기에도 거짓 이론들과 부르주아적 경험을 머릿속에서 깨끗이 지우고 정치적 미사여구를 늘어놓는 사람들과 퇴영적인 혁명가들을 대열에서 제거해야 할 것이다. … 그러나 이 복잡한 과업은 프롤레타리아 계급 위에 군림하는 소수의 엄선된 사람들이나 … 한 개인에게 청산·해체 권한을 부여해서 해결할 수는 없다.[2]

레닌의 당 조직 개념에 내재한 '대리주의'의 위험을 지적하며 획일성에 반대한 트로츠키의 주장에서 우리는 트로츠키의 예언자적 천재성, 선견지명, 삶의 온갖 측면을 체계적으로 통합하는 능력을 엿볼 수 있다.

1917년 이후 볼셰비즘의 역사는 1904년에 트로츠키가 했던 경고가 옳았음을 완전히 입증한 것처럼 보인다. 그러나 트로츠키는 다시는 그 주장으로 되돌아가지 않았다. 이 글에서는 그가 그러지 않은 이유를 알아내고, 특히 '대리주의'의 근원을 밝히면서 당과 계급의 관계 문제를 일반적으로 살펴보려 한다.

대리주의 문제

'대리주의'는 러시아 혁명운동의 전통에서 찾아볼 수 있다. 1860년대와 1870년대에 한 줌밖에 안 되는 지식인들로 이뤄진 소규모 단체들이 강력한 제정에 맞서 싸웠지만, 농민 대중은 농민의 이름으로 농민을 위해 행동한 이 용감한 나로드니키(민중주의자들)에게 무관심하거나 심지어 적대적이었다.

어떤 종류의 대중운동도 출현하기 전이었고 무관심이 널리 퍼진 힘겨운 상황에서 이 한 줌밖에 안 되는 혁명적 지식인들은 중요하고 진보적인 구실을 했다. 마르크스도 그들에게 최고의 찬사와 칭찬을 아끼지 않았다. 그래서 예를 들면, 나로드나야 볼랴*가 분쇄당한 해에 마르크스는 큰딸에게 보낸 편지에 다음과 같이 썼다.

이들은 찬사를 들을 만한 사람들이야. 으스대거나 질질 짜지 않고 순수하기 그지없는 진짜 영웅들이지. 시끄럽게 떠드는 것과 행동하는 것은 서로 양립할 수 없는 정반대의 일이란다.

그러나 대중운동이 이미 존재하고 성장하는 상황에서 당이 그

---

* 민중의 의지 또는 민중의 자유라는 뜻으로, 1881년 러시아 황제 알렉산드르 2세를 암살한 것으로 유명한 나로드니키 테러 조직.

운동을 대리하려 하면 '대리주의'는 반동적이고 위험한 요인이 된다. 트로츠키는 매우 과학적인 사상가였으므로 당 개념, 당의 구실이나 당과 계급의 관계라는 개념(그런 개념이 옳든 그르든)이 '대리주의'에 맞서 노동자 정치 운동의 진정한 민주주의를 보장해 줄 수 있다고 생각하지 않았다.

트로츠키는 앞서 인용한 글을 쓰기 몇 달 전, 1903년 런던에서 열린 러시아 사회민주노동당 2차 당대회에서 다음과 같이 말하면서 대리주의를 피하기 위해 필요한 객관적 조건을 명확하게 정식화했다.

> 노동계급의 지배는 노동 대중이 단결해서 염원하지 않는다면 꿈도 꿀 수 없다. 그런데 그들은 압도 다수일 것이다. 이것은 한 줌도 안 되는 음모가 무리나 소수 정당의 독재가 아니라, 반혁명을 막으려는 압도 다수의 압도 다수를 위한 독재일 것이다. 요컨대, 그것은 진정한 민주주의의 승리일 것이다.

이렇게 《공산당 선언》의 구절을 되풀이한 것은 '대리주의'에 맞선 트로츠키의 투쟁과 완전히 일치한다. 다수가 지배한다면, 소수가 다수의 대리인 노릇을 할 여지는 없다.

같은 시기에 레닌도 프롤레타리아가 사회에서 소수라면 프롤레타리아 독재는 반민주적 결과, 레닌 자신의 표현을 빌리면, "반동적 결과"로 이어질 수밖에 없다고 강조했다.

트로츠키가 스스로 했던 말을 망각한 채 러시아 혁명운동의 즉각적 목표로 노동자 정부를 주장하자 레닌은 다음과 같이 날카롭게 응수했다.

> 그것은 불가능하다! 그것이 불가능한 이유는 인민의 압도 다수에 의존할 때만 혁명적 독재를 지탱할 수 있기 때문이다. … 프롤레타리아는 소수다. … 정치적 민주주의라는 단계를 거치지 않고 다른 길로 사회주의에 도달하려는 사람은 누구나 경제적으로든 정치적으로든 황당무계한 반동적 결과에 이를 수밖에 없을 것이다.[3]

트로츠키가 '대리주의'의 위험을 경고하고 대리주의를 막을 수 있는 유일한 대안으로 "압도 다수의 압도 다수를 위한" 지배를 강조한 것은, 노동자들이 매우 소수였던 1905년과 1917년에 노동자 정부를 요구한 것과 정말로 크게 모순된다. 트로츠키는 모든 형태의 '대리주의'에 반대하는 일관된 사회주의·민주주의 개념과 연속혁명론 사이의 모순 속에서 갈팡질팡한다(연속혁명론에 따르면, 소수 프롤레타리아가 모든 노동 대중의 대리인이자 사회의 지배자 구실을 해야 한다). 안타깝게도, 이런 모순은 트로츠키의 사상이 틀렸거나 일관성 없기 때문이 아니라, 객관적 조건에 실재하는 모순을 반영하는 것이다.

혁명이 실제로 일어나는 시기를 포함해서 혁명의 성격을 좌우하는 요인은 노동계급의 규모만이 아니다. 심지어 노동자들의 계급의식 수준이나 조직화 수준만도 아니다. 복잡하고 모순된 많은 요인들이 혁명의 성격을 좌우한다. 혁명을 낳는 요인들(경제 위기, 전쟁, 그 밖의 정치·사회적 격변 등)은 프롤레타리아의 각성과 동시에 일어나지 않는다. 모든 객관적 상황이 노동자들을 혁명으로 몰아가는데도, 노동계급 내 서로 다른 부문과 집단 들의 의식은 얼마든지 불균등할 수 있다.

제정 러시아에서 그랬듯이, 노동자들의 일반적 문화 수준이 낮고 대중의 조직화와 자주적 활동 전통이 취약한 후진국에서 이런 불균등성이 특히 두드러졌다. 그런 곳에서는 노동계급 자체가 소수였고 따라서 노동계급의 지배, 곧 프롤레타리아 독재는 다수의 독재가 아니라 한 줌밖에 안 되는 소수의 지배일 수밖에 없었다.

러시아에서 혁명이 처한 현실의 딜레마를 극복하기 위해, 즉 한편으로는 소수의 지배를 피하고, [다른 한편으로는] 멘셰비키의 수동적 기권주의 태도('프롤레타리아가 사회에서 소수에 불과하다면 권력을 장악해서는 안 된다')를 피하기 위해 트로츠키는 두 가지 중요한 요인에 주목했다. 러시아 노동자들의 혁명적 추진력과 활력, 그리고 프롤레타리아가 사회에서 다수를 차지하는 선진국으로 혁명이 확산되는 것이었다.

그러나 러시아 자체의 혁명적 추진력이 쇠퇴하고, 결정적으로, 자본주의가 파탄 직전까지 갔던 서유럽에서 혁명적 투쟁이 분쇄되자 '대리주의'의 운명은 어찌 됐는가?

러시아의 대리주의

당과 계급의 관계에 영향을 미친 요인은 노동계급의 문화 수준과 혁명적 의식의 수준만이 아니었다. 사회에서 노동계급이 자치하는 구체적 비중, 즉 노동계급의 규모나 다른 계급들과의 관계, 특히 러시아에서는 농민과의 관계도 중요한 요인이었다.

그런데 러시아 혁명이 (멘셰비키가 주장했듯이) 순전히 부르주아 혁명이었거나 아니면 (노동자와 농민을 구분하지 않은 사회혁명당과 아나키스트들이 주장했듯이) 순전히 사회주의 혁명이었다면 문제는 간단했을 것이다. 혁명적 계급들이 비교적 동질적인 사회 계급이었다면, 마르크스주의 당이 프롤레타리아를 대리하려는 경향이 결코 존재할 수 없었을 것이다.

그러나 10월 혁명은 두 혁명의 융합이었다. 즉, 발달한 자본주의의 산물인 노동계급의 사회주의 혁명과 신흥 자본주의와 낡은 봉건제의 충돌 결과인 농민 혁명이 맞물린 것이었다. 언제나 그랬듯이, 농민은 대토지 소유자들의 사유재산을 기꺼이 몰수하려

했지만 농민이 원한 것은 자신들만의 작은 사유재산이었다. 그들은 봉건제에 맞서 반란을 일으킬 태세가 돼 있었지만, 사회주의에 찬성해서 그런 것은 아니었다.

따라서 10월 혁명에서 승리한 노동자와 농민의 동맹이 곧 팽팽한 긴장 관계로 바뀐 것은 놀라운 일이 아니다. 일단 백군이 패배하고 그와 함께 지주제가 부활할 위험도 사라지자, 농민이 노동자들에게 충성할 이유는 거의 없었다. 농민은 토지를 분배한 정부를 지지했지만, 같은 정부가 굶주린 도시민들을 먹여 살리려고 농산물을 징발하기 시작하자 태도가 완전히 달라졌다.

사실, 노동계급과 농민 사이의 갈등은 10월 혁명 직후부터 표출됐다. 이미 1918년에 레닌은 소비에트 선거에서 노동자 1명의 표와 농민 5명의 표를 대등하게 계산하는 반민주적 방법에 기댈 수밖에 없었다.

그런데 혁명 자체가 농민에 대한 프롤레타리아의 상대적 비중을 바꿔 놓았다. 프롤레타리아에게 불리한 쪽으로 말이다.

첫째, 내전 때문에 노동계급의 구체적 비중이 격감했다. 혁명에서 노동계급이 승리하자 역설적으로 노동계급의 규모와 질이 쇠퇴한 것이다.

많은 도시 노동자들이 농촌과 밀접한 관계가 있었으므로, 그들 가운데 상당수는 혁명이 끝나자마자 토지 분배에 참여하려고 서둘러 시골로 돌아갔다. 이런 경향을 더욱 촉진한 것은 당연히 도시에서 가장 심각했던 식량 부족이었다. 게다가 옛 차르 군대와 달리 새로운 적군赤軍에는 농민보다 산업 노동자들이 상대적으로 더 많았다. 이 모든 이유로 말미암아 1917~20년에 도시 인구, 특히 산업 노동자 수가 급감했다. 페트로그라드는 인구가 57.5퍼센트 줄었고, 모스크바는 44.5퍼센트, 40개의 주도州都는 33퍼센트, 그 외의 50개 대도시는 16퍼센트가 줄었다. 도시가 클수록 상대적 인구 감소도 더 많았다. 인구 감소가 얼마나 급격했는지는 산업 노동자 수가 1917년 300만 명에서 1921~22년에 124만 명으로 58.7퍼센트 감소한 사실에서 더 잘 드러난다. 산업 노동자의 5분의 3이 사라진 것이다. 생산성은 노동자 수보다 훨씬 더 크게 감소했다.(1920년에 러시아의 산업 생산은 1913년 수준의 13퍼센트에 불과했다!)

그나마 남아 있는 노동자들도 대다수는 다양한 군사 전선이나 국가 행정기관, 노동조합이나 당에 필요하지 않은 가장 후진적인 노동자들이었다. 당연히 국가 행정기관과 군대 등에 충원된 노동자들은 대부분 사회주의 전통이 가장 오래되고 정치 경험도 풍부하고 문화 수준도 높은 노동자들이었던 것이다.

노동계급의 파편화는 훨씬 더 나쁜 영향을 미쳤다. 남아 있는 노동계급은 식량 부족 때문에 집단적 계급, 단결한 계급이 아니라 개별 소상인들처럼 행동할 수밖에 없었다. 1919~20년에 국가는 도시에서 소비되는 곡물의 겨우 42퍼센트를 공급했고, 그 밖의 식료품 공급 비율은 훨씬 더 낮았다. 나머지는 모두 암시장에서 거래됐다.[4] 노동자들이 가구와 옷가지는 물론이고 자기가 일하던 공장의 벨트와 공구까지 내다 파는 일이 허다했다.[5] 산업 노동계급의 원자화와 사기 저하는 그만큼 심각했다!

생활 방식(개인적 암거래에 의존하는)에서 개별 노동자들은 농민과 거의 구분되지 않았다. 1919년 1월 제2차 노동조합 대회에서 루주타크는 다음과 같이 말했다.

> 수많은 공업 중심지에서 공장의 생산 감소로 말미암아 노동자들이 대거 농민에게 흡수되고 있습니다. 이제 우리 곁에는 노동자 대중이 아니라 반쯤 농민이 된 노동자나 때로는 순전히 농민만 남을 것입니다.[6]

상황이 이렇다 보니 볼셰비키당의 계급 기반이 붕괴했다. 그것은 볼셰비키의 몇몇 정책 실수나 당의 구실, 당과 계급의 관계에 대한 볼셰비키의 이런저런 개념 때문이 아니라, 더 강력한 역사적 요인 때문이었다. 노동계급이 탈계급화한 것이다.

1921년 5월 레닌이 절망 속에서 필사적으로 다음과 같이 말한 것은 사실이다. "프롤레타리아가 탈계급화하는 시대에도 프롤레타리아는 계속 권력을 장악하고 유지하는 과업을 수행할 수 있다."[7] 그러나 이 얼마나 '대리주의적' 발언인가. 탈계급화한 노동계급의 지배라니! 체셔 고양이*처럼 몸통이 사라진 뒤에도 웃음은 남아 있다는 것인가.

나로드니키가 원래 '대리주의'를 주장한 것은 아니었다. 그것은 당시의 객관적 사회 조건에서 비롯한 민중의 전반적 무관심이 낳은 결과였다. 그리고 볼셰비키의 '대리주의' 또한 제우스의 머리에서 나온 미네르바**처럼 레닌의 머리에서 튀어나온 것이 아니라 농민 국가에서 벌어진 내전이라는 객관적 조건의 산물이었다. 사회적 비중이 줄어든 소수의 노동계급이 파편화해서 농민 대중 속으로 사라져 버린 것이다.

다음과 같은 상황을 떠올려 보면 10월 혁명 뒤 '대리주의'가 부상한 이유를 명확히 이해하는 데 도움이 될 듯하다. 대중 파업이 오랫동안 질질 끌면서 노동자들 대다수가 지치고 사기 저하해 소수만이 파업 대열을 지키고 대다수가 그 소수를 비웃거나 원망하고 기업주도 그들을 집중 공격한다고 상상해 보라. 이런 비극적 상황은 계급투쟁의 전쟁터에서 거듭거듭 반복된다. 러시아 혁명 당시 백군과 대결하고 있던 볼셰비키는 자신들이 고립돼 있다는 것과 자신들이 투쟁을 포기하면 대중이 끔찍한 피바다에 빠질 위험이 있다는 것을 알고 있었으므로 다른 선택의 여지가 없

---

* 루이스 캐럴의 소설 《이상한 나라의 앨리스》에 나오는 고양이.
** 그리스 신화의 아테나.

었다. 다른 모든 물신숭배와 마찬가지로 '대리주의' 역시 사회적 파국의 반영이었던 것이다.

당내 대리주의

여기서부터 당내 민주주의 파괴와 관료 지배 체제 확립까지는 얼마 걸리지 않았다.

스탈린주의(뿐 아니라 멘셰비키와 그 밖의 볼셰비키 적대자들)가 만들어 낸 신화와 달리 볼셰비키당은 결코 획일적이거나 전체주의적인 당이 아니었다. 정반대였다. 당내 민주주의는 언제나 당 활동에서 가장 중요한 부분이었다. 그러나 이 주제를 다룬 문헌들은 대부분 이런저런 이유로 이 사실을 간과했다. 따라서 주제에서 조금 벗어나더라도 약간의 지면을 할애해서 볼셰비키의 당내 민주주의 수준과 볼셰비키가 결코 획일적이지 않았음을 보여주는 역사적 사례들을 살펴보는 것도 가치가 있겠다.

1905년 혁명이 최종 패배한 뒤인 1907년에 볼셰비키당은 두마 선거에 어떤 태도를 취할 것인가 하는 문제로 위기를 겪었다. 볼셰비키와 멘셰비키가 모두 참여한 (1907년 7월) 러시아 사회민주노동당 3차 협의회에서는 기묘한 상황이 벌어졌다. 레닌만 제외하고 모든 볼셰비키 대의원들이 두마 선거 보이콧에 찬성표를 던진 것이다. 반면 레닌은 멘셰비키와 함께 보이콧에 반대했다.[8] 3년 뒤 볼셰비키 중앙위원회 전체회의에서는 멘셰비키와 통합을 호소하는 결의안이 통과됐다. 여기서도 레닌은 유일하게 반대표를 던진 사람이었다.[9]

전쟁이 벌어진 1914~18년에 당 지부 가운데 어느 한 곳도 레닌이 주창한 혁명적 패배주의 견해를 채택하지 않았고,[10] 1915년 몇몇 볼셰비키 지도자들의 재판 당시 카메네프와 볼셰비키 두마 의원 두 명은 법정에서 레닌의 혁명적 패배주의 견해를 공개적으로 거부했다.[11]

2월 혁명 뒤 대다수 당 지도자들은 혁명적 소비에트 정부가 아니라 임시 연립정부를 지지했다. 페트로그라드 소비에트의 볼셰비키 대의원은 40명이었지만, 1917년 3월 2일 부르주아 연립정부로 권력을 이양하는 결의안이 투표에 부쳐졌을 때 반대표를 던진 사람은 19명뿐이었다.[12] (1917년 3월 5일) 볼셰비키당의 페트로그라드 위원회 회의에서 혁명적 소비에트 정부를 지지하는 결의안에 찬성표를 던진 사람은 단 한 명뿐이었다.[13] 당시 스탈린이 편집자로 있던 〈프라우다〉는 결코 혁명적이라고 할 수 없는 태도를 취했다. 〈프라우다〉는 임시정부가 "반동과 반혁명에 맞서 투쟁하는 한" 임시정부를 지지한다고 단호하게 선언했다.[14]

또, 1917년 4월 3일 레닌이 러시아에 돌아와 유명한 '4월 테제'(당을 10월 혁명으로 이끈 지침)를 발표했을 때도 그는 한동안 자신의 당내에서 소수파였다. '4월 테제'에 대한 〈프라우다〉의 논평은 그것이 "레닌의 개인적 견해"이며, 다소 "받아들이기 어렵다"는 것이었다.[15] 4월 8일 열린 페트로그라드 위원회 회의에서 '4월 테제'는 고작 두 표만을 얻은 반면, 13명이 반대했고 한 명은 기권했다.[16] 그러나 4월 14~22일 열린 당 협의회에서 '테제'는 다수의 지지를 얻었다. 찬성 71표, 반대 39표, 기권 8표였다.[17] 같은 협의회에서 레닌은 또 다른 중요한 문제, 즉 스톡홀름에서 열릴 사회주의 정당 협의회에 당이 참가해야 하는가 하는 문제에서는 패배했다. 당 협의회는 레닌의 견해와 반대로 전면 참가하기로 결정했다.[18]

또, 9월 14일에 케렌스키가 '민주협의회'를 소집하자 레닌은 보이콧을 강력하게 주장했다. 중앙위원회는 9 대 8로 그를 지지했지만, 찬반이 거의 대등했기 때문에 최종 결정은 당 협의회로 넘겨졌고, 당 협의회는 '민주협의회'에 참가할 볼셰비키 대표단을 포함해서 구성하기로 했다. 결국 당 협의회에서는 77 대 50으로 보이콧 방침이 부결됐다.[19]

가장 중요한 문제, 즉 10월 봉기 문제가 일정에 올랐을 때, 지도부는 또다시 날카롭게 분열했다. 지노비예프, 카메네프, 리코프, 퍄타코프, 밀류틴, 노긴이 이끄는 강력한 분파가 봉기에 반대한 것이다. 그렇지만 중앙위원회가 정치국원들을 선출했을 때, 지노비예프나 카메네프가 정치국에서 제외되지는 않았다.

권력 장악 후에도 지도부 내 이견은 이전만큼 날카롭게 지속됐다. 혁명 며칠 뒤, 많은 당 지도자들이 다른 사회주의 정당들과 연립정부를 구성하자고 요구하고 나섰다. 그중에는 내무 인민위원 리코프, 산업통상 인민위원 밀류틴, 노동 인민위원 루나차르스키, 공화국 의장 카메네프, 그리고 지노비예프도 있었다. 그들은 심지어 정부 직책을 사임하기까지 했다. 그래서 레닌과 그의 지지자들은 다른 정당들과 연립정부 구성 협상을 시작할 수밖에 없었다(협상은 결국 실패했는데, 그 이유는 멘셰비키가 연립정부에서 레닌과 트로츠키를 제외할 것을 고집했기 때문이다).

또, (1917년 12월에) 제헌의회 선거를 치를 것인가 연기할 것인가 하는 문제에서도 레닌은 중앙위원회에서 소수파가 됐고 그의 충고를 거슬러 선거가 실시됐다.[20] 얼마 뒤 레닌은 브레스트리토프스크에서 열린 독일과의 강화 협상 문제에서 또다시 패배했다. 레닌은 즉시 강화해야 한다고 주장했다. 그러나 1918년 1월 21일 열린 중앙위원회와 활동적 노동자들의 연석회의에서 레닌의 동의안은 겨우 15표를 얻었고, 그가 반대한 부하린의 '혁명전쟁' 동의안은 32표, 트로츠키의 '전쟁도 아니고 강화도 아닌' 견해는 16표를 얻었다.[21] 다음 날 중앙위원회 회의에서 레닌은 또 패배했다. 그러나 결국 상황의 압력 때문에 그는 중앙위원 다수에게 자신의 견해를 설득하는 데 성공했다. 2월 24일 중앙위원회에서 강화를 요구하는 레닌의 결의안은 일곱 표를 얻었고 네 명은 반대, 다른

네 명은 기권했다.[22]

그러나 앞서 말한 객관적 상황의 압력에 눌려 당내 민주주의는 점점 사라졌다. 당은 고립돼서, 이견을 드러내거나 표명하는 것을 두려워하게 됐다. 마치 급류 속에서 작고 낡아 빠진 배를 타고 있는 것과 같았다. 자유로운 토론 분위기는 사장될 수밖에 없었다.

당내 민주주의 위반은 점점 더 심해졌다. 예를 들면, K K 유레네프는 (1920년 4월) 9차 당대회에서 중앙위원회가 비판을 억누르려고 비판자들을 사실상 유배 보내기까지 했다며 다음과 같이 말했다. "한 명은 크리스티아니아[지금의 오슬로]로, 다른 한 명은 우랄로, 또 다른 사람은 시베리아로 보내졌습니다."[23] 그는 당을 대하는 중앙위원회의 태도를 볼 때 중앙위원회는 "[의회에] 책임지는 내각이 아니라 어느 누구에게도 책임지지 않는 행정부" 같은 존재가 돼 버렸다고 말했다. 같은 당대회에서 V N 막시모프스키는 '민주적 중앙집중주의'와 '관료적 중앙집중주의'를 대비하며 관료적 중앙집중주의는 당 중앙에 책임이 있다고 말했다. "생선은 머리부터 썩는다고 합니다. 당은 관료적 중앙집중주의 때문에 꼭대기부터 썩기 시작했습니다."[24] 그리고 사프라노프는 다음과 같이 말했다. "선출할 권리, 프롤레타리아 독재, 당 독재를 바라는 중앙위원회의 염원 운운하는 말들이 많지만 실제로는 당 관료의 독재로 귀결되고 있습니다."[25]

11차 당대회에서 랴자노프는 다음과 같이 말했다.

우리 중앙위원회는 완전히 특수한 기구입니다. 흔히 영국 의회는 남자를 여자로 바꾸는 것만 빼고는 무엇이든 할 수 있다고들 합니다. 그러나 우리 중앙위원회는 영국 의회보다 더 강력합니다. 우리 중앙위원회는 이미 아주 혁명적인 남성을 할머니로 바꿔 놓았을 뿐 아니라 이런 할머니의 숫자를 엄청나게 늘려 놓았습니다.[26]

랴자노프는 더 나아가 중앙위원회가 당 활동의 모든 측면에 간섭한다고 비난했다. V 코시오르는 정치국이나 조직국의 결정으로 당과 노동조합의 지역 지도자들이 제거된 여러 사례를 들며 다음과 같이 주장했다.

많은 노동자들이 당을 떠나고 있습니다. 이것을 어떻게 설명해야 할까요? 동지들, 이것은 강압적 체제 때문이라고 설명해야 합니다. 진정한 당 규율과는 아무런 공통점도 없는 이 강압적 체제가 우리 사이에서 자라나고 있습니다. 우리 당은 나무를 운반하고 거리를 청소하고 투표도 하지만, 어떤 문제도 결정하지 않습니다. 그리 건강하지 않은 프롤레타리아가 이런 상황에 처해 있으니 도저히 견뎌 낼 재간이 없습니다.[27]

12차 당대회에서 프레오브라젠스키는 주州위원회 사무국장의 30퍼센트를 중앙위원회가 '임명'했고, 따라서 모든 당 간부의 선출이라는 원칙이 훼손되고 있다고 한탄했다.[28] 여기서부터 서기장의 독재까지는 한걸음에 불과했다.

자본주의가 초기 단계이고 국민의 대다수가 소자본가(농민)인 나라에서 노동계급이 자본가계급을 대체해서 지배했기 때문에 마르크스주의 당이 노동계급을 대리하게 됐고, 이 때문에 당 간부들이 당을 대리하게 됐으며 결국에는 서기장의 개인 독재가 확립된 것이라고 성급하게 말하는 사람도 있을지 모르겠다.

마르크스와 엥겔스는 사회주의 생산관계가 자본주의 생산관계를 대체하기 위한 역사적 전제 조건이 존재하지 않는 상황에서 노동계급이 권력을 잡았을 때 어떤 일이 벌어질 것인가 하는 문제를 여러 번 다뤘다. 그런 상황에서는 노동계급이 자본주의 발전을 위한 길을 닦을 것이라는 게 마르크스와 엥겔스의 결론이었다. 엥겔스는 다음과 같이 썼다.

혁명정당의 지도자가 처할 수 있는 최악의 상황은 운동이 아직 무르익지 않아서 그가 속한 계급의 지배와 그런 지배를 뒷받침할 조처들이 실현될 수 없는 상황에서 어쩔 수 없이 정부를 장악하는 것이다. … 그러면 그는 자신이 딜레마에 빠졌다는 것을 깨닫게 된다. 그가 할 수 있는 것은 지금까지 그가 실천한 모든 행동, 그의 모든 원칙, 그의 당의 현재 이익과 반대된다. 반면에 그가 해야 하는 것은 실현될 수 없다. 한마디로, 그는 자신의 당과 자신의 계급이 아니라 지배할 조건이 무르익은 계급을 대표할 수밖에 없다. 운동 자체의 이익을 위해, 그는 낯선 계급의 이익을 옹호할 수밖에 없고, 자기 자신의 계급에게는 그 낯선 계급의 이익이 그들 자신의 이익이라고 단언하면서 빈말과 공허한 약속으로 그들을 만족시킬 수밖에 없다. 누구든 이런 곤란한 처지에 놓이면 돌이킬 수 없이 길을 잃고 만다.[29]

오직 혁명의 확산만이 볼셰비키가 이런 비극적 운명을 피하게 할 수 있었다. 그래서 볼셰비키는 혁명의 확산 가능성에 자신의 운명을 건 것이다. 기권주의자들과 겁쟁이들만이 막다른 골목에 이를까 봐 두려워서 볼셰비키에게 러시아 프롤레타리아의 혁명적 잠재력의 극한까지 나아가지 말라고 충고할 수 있었다. [그러나] 볼셰비키의 심장은 혁명적 역동성과 국제적 전망으로 고동치고 있었다.

대리주의의 내재적 위험

그러나 볼셰비키당이 건설한 국가에 당의 의지뿐 아니라 권력을 잡은 볼셰비키가 처한 사회 전체의 현실도 반영돼 있었다고 해서, 직업혁명가 집단에 기초한 볼셰비키의 중앙집중주의와 미래의 스탈린주의 사이에 인과관계가 전혀 없었다고 결론지어서는 안 된다. 이 문제를 좀 더 자세히 살펴보자.

사회주의 혁명에 혁명정당이 반드시 필요하다는 사실은 다양한 노동자 부문과 집단의 문화나 의식 수준이 불균등하다는 것을 보여 준다. 노동계급의 이데올로기가 동질적이라면 지도는 결코 필요하지 않을 것이다. 안타깝게도, 혁명은 모든 대중이 특정한 지적 수준이나 계급의식 수준에 도달할 때까지 기다려 주지 않는다. 자본주의 사회의 정신적·물질적 억압으로 말미암아 다양한 부문의 노동자들은 계급 독립성 수준이 천차만별이다. 서로 다른 부문의 노동자들 사이에 이런 의식의 차이가 존재하지 않는다면 선진국의 자본가계급은 사회적 지지 기반을 발견할 수 없을 것이다. 그런 상황에서는 계급투쟁이 순조롭기 그지없는 점진적 진보 과정일 것이다. 사실상 계급투쟁이라고 부를 만한 것은 거의 존재하지 않을 것이다. 그러나 현실에서는 노동자들이 다른 노동자들의 적대적 행위 — 파업 파괴자들(노동자들)이나 경찰과 군인(제복 입은 노동자들)의 위협 — 에 직면한다. 노동계급이 동질적이라면 노동자 국가도 필요하지 않을 것이다. 다시 말해, 혁명 뒤에 강제력은 필요하지 않을 것이다. 안타깝게도, 혁명은 그런 아나키즘·자유주의의 백일몽과 공통점이 전혀 없다. 노동계급의 규율은, 자본주의에서 그리고 프롤레타리아 혁명 직후에도 더 선진적인 노동자와 덜 선진적인 노동자가 존재한다는 사실, 즉 지도가 존재한다는 사실뿐 아니라 설득과 강압의 결합도 전제한다. 다시 말해, 노동계급은 자본주의의 야만이 남긴 잔재에서 단번에 해방될 수 없다.

자본주의에서 노동자들이 직면하는 규율은 자본이 노동자에게 강요하는 외적 강제력이다. 사회주의에서는 규율이 의식의 결과일 것이다. 그것은 해방된 사람들의 습관일 것이다. 과도기에는 규율이 두 가지 요소, 즉 의식과 강압의 결합으로 나타날 것이다. 노동자들이 생산수단을 집단적으로 소유하는 것, 즉 노동자 국가가 생산수단을 소유하는 것이 노동 규율에서 의식적 요소의 기초일 것이다. 그와 동시에 집단으로서 노동계급은 노동계급 기관들(소비에트, 노동조합 등)을 통해 생산에서 개별 노동자에게 규율을 부과하는 강제력으로 나타날 것이다.

개인과 집단의 이런 충돌, 설득과 그 대립물인 강압(자본주의의 잔재인 야만적 방법을 사용해 자본주의의 야만에 맞서 싸우도록 노동계급에게 강요하는 것)을 결합할 필요성은, 자본주의에서는 노동자들의 정신적 해방이 불가능하다는 것과 노동자들이 완전한 인간으로 성장하기까지는 하나의 역사적 시기 전체가 소요될 것이라는 사실을 확인해 주는 또 다른 증거일 뿐이다. 우리는 국가가, 심지어 노동자 국가조차 계급사회의 추악한 산물이고 진정한 인류 역사는 정말로 일관된 노동자 국가를 통해서만 시작될 것이라는 아나키스트들의 견해에 동의하지만, 그럼에도 바로 이런 바탕 위에서만 국가는 결국 사멸할 것이다.

노동계급에게 당이나 당들이 필요하다는 사실 자체가 노동계급의 분열을 보여 주는 증거다. 노동자들이 문화적으로 후진적이고 대체로 조직과 자치 능력이 취약할수록, 노동계급과 그 계급의 마르크스주의 당 사이의 지적 간극은 더 클 것이다. 당과 당 기구가 자율적으로 발전해서 계급의 하인이 아니라 주인이 될 수 있는 심각한 위험은 노동계급의 이런 불균등성에서 비롯한다. 노동계급의 불균등성이야말로 '대리주의'라는 위험의 주된 근원인 것이다.

혁명 이전 볼셰비키의 역사는 이런 위험에 맞선 레닌의 투쟁을 분명히 보여 준다. 레닌은 거듭거듭 (특히 1917년의 역동적인 몇 달 동안) 동요하고 타협하려는 당 지도부와 당 기구에 맞서 노동자 대중에게 호소했다. 트로츠키는 레닌과 대중, 당 기구의 상호관계를 아주 정확하게 요약했다.

계급투쟁의 법칙을 알고 있었을 뿐 아니라 대중의 움직임에 완벽하게 조응했다는 점이 레닌의 강점이었다. 그는 당 기구가 아니라 프롤레타리아의 전위를 대변했다. 그는 지하 정당을 단호하게 지지해 온 노동자 수천 명이 이제 자신을 지지할 것이라고 확신했다. 당시 대중은 당보다 더 혁명적이었고, 당은 당 기구보다 더 혁명적이었다. 이미 3월에 노동자들과 병사들의 실제 태도는 많은 경우에 명백히 격렬해졌고, 볼셰비키를 포함한 온갖 정당들의 지침과 크게 달랐다. … 반면, 당 기구의 권위는 당의 보수성과 마찬가지로 갓 형성되고 있었을 뿐이다. 레닌의 영향력은 개인적인 것이 아니었다. 계급이 당에 미치는 영향력과 당이 당 기구에 미치는 영향력이 레닌을 통해 구현됐기 때문에 그가 영향력을 행사할 수 있었던 것이다.[30]

사람들이 역사를 만든다. 그런데 사람들이 당으로 조직돼 있다면, 그들의 쪽수보다 더 큰 힘과 영향을 역사에 미칠 것이다. 그렇다 해도 당으로 조직된 사람들만이 역사를 만드는 것은 아니며, 좋든 나쁘든, 단지 그들만이 더 큰 사회적 비중의 원인인 것도 아니고 그들만이 계급의 전체 역사나 심지어 계급의 일부인 그들 자신의 역사를 만드는 것도 아니다. 따지고 보면, 혁명정당이 계급을 대리하고 따라서 혁명정당이 보수적 세력으로 변질되는 '대리주의'에 맞서 싸울 수 있는 유일한 무기는 계급 자체의 행동, 그리고 그 계급이 사회적 적대 세력뿐 아니라 자신의 대리인인 정당에도 가하는 압력뿐이다.

이 글에서는 트로츠키가 사실상 필요를 미덕으로 바꾸고, 반민주적·반노동계급적 '대리주의' 관행을 정당화하려고 얼마나 극단적인 일반화를 했는지 길게 지적하지는 않겠다.

그 점에 관해서는 1921년에 그가 '노동의 군사화'(국가가 강제로 부과하는 노동의무)를 주장했다고 언급하는 것으로 충분하다. 그는 노동조합이 국가화해야 한다고 말했다.

[우리에게 필요한 것은 — 클리프] 새로운 형태의 노동조합원이다. 분배와 소비의 관점이 아니라 생산 증대의 관점에서 경제 문제에 접근하는 경제 조직자, 소비에트 정부에 요구 사항을 들이밀고 흥정하는 데 익숙한 사람의 눈이 아니라 참된 경제 조직자의 눈으로 경제 문제를 바라보는, 활력 있고 상상력이 풍부한 경제 조직자 말이다.[31]

국가에 맞서 노동자들을 방어하는 것, 심지어 노동자 국가에도 맞서 노동자들을 방어하는 문제는 어찌 되는가? 노동조합이 이 문제를 무시할 수 있는가? 트로츠키는 이 문제에 답하지 않았다. 심지어 문제를 제기하지조차 않았다.

9차 당대회에서 그는 다음과 같이 말했다.

[노동의 군사화는 — 클리프] 노동조합 자체의 군사화 없이는, 모든 노동자가 자신을 노동하는 병사라고 여기고 마음대로 행동해서는 안 되겠다고 생각하는 체제의 수립 없이는 생각할 수 없습니다. 그래

서 예컨대 노동자에게 이동하라는 명령이 떨어지면, 그는 그 명령을 따라야 합니다. 명령을 따르지 않는 노동자는 탈영병이 처벌받듯이 처벌받을 것입니다. 누가 이것을 감독하겠습니까? 노동조합입니다. 노동조합이 새로운 체제를 창출할 것입니다. 이것이 노동계급의 군사화입니다.[32]

트로츠키의 '대리주의적' 태도는 더욱 심해져서 1924년에 다음과 같이 말하는 지경에 이르렀다.

우리 가운데 어느 누구도 당의 의지를 거스르려 하거나 거스를 수 없습니다. 결국 당은 항상 옳습니다. 당은 프롤레타리아의 근본적 문제들을 해결하도록 프롤레타리아에게 주어진 유일한 역사적 도구이기 때문입니다. 저는 이미 자신의 당 앞에서 실수를 인정하는 것보다 더 쉬운 일은 없다고, 다음과 같이 얘기하는 것보다 더 쉬운 일은 없다고 말했습니다. '저의 모든 비판, 성명, 경고, 항의, 이 모든 것은 단지 실수였을 뿐입니다'라고. 그러나 동지들, 저는 그렇게 말하지 않겠습니다. 왜냐하면 그렇게 생각하지 않기 때문입니다. 저는 누구든 당에 **반대해서** 올바를 수 없다는 것을 압니다. 당과 함께, 당을 통해서만 옳을 수 있습니다. 올바른 편에 서기 위한 다른 길이 역사에는 없기 때문입니다. 영국 속담에 이런 말이 있습니다. '옳든 그르든 나의 조국이다.' 다음과 같이 말하는 것이 역사적으로 훨씬 더 정당할 것입니다. (특정한 구체적 상황에서) 옳든 그르든 나의 당이다. … 당이 내린 결정이 부당하다고 생각하는 사람이 있다면, 그는 이렇게 말할 것입니다. 정당하든 부당하든 이것은 나의 당이고, 나는 그 결정의 결과를 끝까지 지지할 것이다.[33]

오늘날의 대리주의

혁명정당과 노동계급의 관계에서 혁명정당이 하는 구실을 평가하는 출발점으로서, 우리는 《공산당 선언》의 다음과 같은 말로 돌아가지 않을 수 없다.

지금까지 일어난 역사적 운동은 모두 소수의 운동이었거나 소수의 이익을 위한 운동이었다. 프롤레타리아 운동은 압도 다수를 위한 압도 다수의 자의식적이고 독립적인 운동이다.

공업국 노동자들의 문화 수준이 러시아보다 훨씬 높고, 그들의 자주성과 조직 성향이 더 강하고, (농민이 다수를 차지하지 않는) 이런 나라들에서 노동 대중의 사회적 동질성이 상대적으로 크다는 점을 감안할 때, 혁명 전과 혁명 기간, 그리고 혁명이 승리한 뒤에 대중 의식의 불균등성은 러시아에서보다 이런 공업국에서 훨씬 더 작을 것이라고 추론할 수 있다(물론 그런 불균등성이 완전히 사라지지는 않겠지만 말이다).

이로부터 몇 가지 결론을 끌어낼 수 있다.

첫째, 혁명정당의 규모와 전체 노동계급 규모를 비교해 봐야 한다. 1906년 10월에 러시아 사회민주노동당 당원은 (볼셰비키와 멘셰비키를 합쳐서) 7만 명이었다. 동시에 유대인 분트는 3만 3000명, 폴란드 사회민주당 2만 8000명, 리투아니아 사회민주당은 1만 3000명이었다. 당시 **불법** 사회주의 정당의 당원을 다 합치면 14만 4000명이었다.[34] 1917년 8월 볼셰비키당의 당원은 20만 명이었다. 평균적으로 25개 도시에서 산업 노동자의 5.4퍼센트가 볼셰비키 당원이었던 것이다.[35] 만약 선진국의 노동계급 당원 비율이 1917년이나 1905년 러시아의 노동계급 당원 비율과 같다면, 선진국에는 수백만 명의 노동계급 당원이 있을 것이라는 얘기다.

선진국에서는 의식과 문화의 불균등성이 러시아보다 작기 때문에, 당의 상대적 규모가 러시아보다 훨씬 더 클 것이다(노동자 정당의 합법성도 한몫할 것이다). 개혁주의 정당의 실제 규모를 보면서 이와 정반대로 생각하는 사람은 혁명적 투쟁에서 대중이 하는 진정한 구실을 이해하지 못하는 사람이다. 개혁주의 정당은 주로 의회 선거와 기타 선거에서 표를 끌어모으기 위한 기구다. 따라서 개혁주의 정당에는 진정으로 능동적인 대중 당원이 필요하지 않다. 대체로 그런 당의 지지자들은 당 활동에 능동적으로 참여하거나 당 간행물을 꼭 읽어야 한다고 생각하지 않는다. 혁명정당에 대한 대중의 적극적 지지는 상대적으로 훨씬 더 많은 노동자의 당 활동 참여로 이어져야 한다.

따라서 소규모 단체는 노동계급 대중은 물론 대중적 혁명정당도 결코 대리할 수 없다.[36]

그렇다면 혁명정당과 계급의 관계란 무엇인가?

개혁주의 정당이든 혁명정당이든, 보수정당이든 자유주의 정당이든, 모든 당의 목표는 이런저런 목적을 위해 대중의 지지를 얻어 그들을 지도하는 것이다. 혁명적 노동자 당의 목표도 지도하는 것이다. 그러나 유사성은 여기서 끝난다. 이런 지도를 확립하는 방법과 지도의 성격이 완전히 다르기 때문이다.

세 종류의 지도를 떠올릴 수 있는데, 적당한 이름이 없으므로 다음과 같이 부르겠다. 교사의 지도, 작업반장의 지도, 함께 투쟁하는 동지의 지도. 소규모 종파한테서 찾아볼 수 있는 첫 번째 지도는 이른바 '칠판 사회주의'다(영국에서 이런 지도를 극명하게 보여 주는 사례가 영국 사회당인데, 그들은 투쟁에 참가하지는 않고 설교하려고만 한다). 두 번째 지도는 작업반장과 노동자, 장교와 사병의 관계에서 찾아볼 수 있는데, 모든 관료적 개혁주의 정당과 스탈린주의 정당의 특징이기도 하다. 지도부가 간부회의에서 결정한 사항을 노동자들에게 지시하고 노동자들은 능동적으로 참여하지 않는다. 이 두 가지 지도의 특징은 그 방향이 일방적이라는 사실이다. 즉, 지도자들이 대중을 데리고 일인극을 연출하는 셈이다.

세 번째 지도는 파업위원회와 파업 중인 노동자 사이의 관계, 또는 직장위원과 그 동료들 사이의 관계와 비슷하다. 혁명정당은 당 밖에 있는 노동자들과 대화해야 한다.[37] 따라서 혁명정당은 뜬금없이 전술을 발명하는 것이 아니라, 대중운동의 경험에서 배우고 그런 경험을 일반화하는 것을 첫째 의무로 삼아야 한다. 노동계급 역사의 위대한 사건들은 이런 강조가 올바르다는 것을 분명히 보여 준다. 1871년 파리 노동자들은 새로운 형태의 국가를 세웠다. 그 국가는 상비군과 관료가 없고, 모든 관리는 노동자 평균임금을 받았고 언제든지 소환될 수 있었다. 파리코뮌을 경험한 뒤에야 마르크스는 노동자 국가의 성격과 구조를 일반화하기 시작했다. 그리고 1905년 페트로그라드 노동자들도 볼셰비키당과 상관없이 독자적으로 소비에트를 세웠다. 사실, 페트로그라드의 볼셰비키 지도부는 소비에트에 반대했고, 레닌 자신도 소비에트를 적대하지는 않았더라도 적어도 미심쩍게는 생각했다. 따라서 우리는 로자 룩셈부르크가 1904년에 다음과 같이 쓴 것에 동의하지 않을 수 없다.

> 사회민주주의 투쟁 전술의 중요한 특징들은 '발명된' 것이 아니라, 초보적 계급투쟁의 위대한 창조 행위가 끊임없이 계속된 결과다.

또, 여기서는 무의식이 의식에 선행하고, 객관적 역사 발전의 논리가 행위자의 주관적 논리에 앞선다.[38]

활기차게 발전하는 계급투쟁의 경험을 일반화하고, 사회주의적 토대 위에서 사회를 재조직하려는 노동계급의 본능적 추진력을 의식적으로 표현하는 것이 마르크스주의자의 임무다.

노동계급은 결코 획일적이지 않기 때문에, 그리고 사회주의로 가는 길은 지도에 나와 있지 않기 때문에 혁명정당에는 전략과 전술의 광범한 차이가 존재할 수 있고 존재해야 한다. 그렇지 않다면 당은 관료 기구나 '지도자'를 추종하는 종파로 전락하고 말 것이다. 여기서 우리는 "당내의 심각한 분파 투쟁은 모두 따지고 보면 항상 계급투쟁을 반영한다"는 트로츠키의 일반적 진술을 안타깝게 생각할 수밖에 없다.[39] 이 말은 인간의 생각이 물질적 조건에서 직접 발생한다고 보는 속류 유물론의 해석에 가깝다! (1903~17년에) 어떤 계급 압력이 레닌을 룩셈부르크와, 또는 트로츠키를 레닌과 갈라놓았는가? 또, 플레하노프의 오락가락 행보, 즉 1903년에는 레닌과 함께했다가 금방 갈라섰고 1905년에는 레닌을 반대했다가 다시 함께했던 (그리고 결국은 레닌이나 혁명운동 자체와 결별하고 노동계급의 적과 한편이 된) 행적에서 도대체 어떤 계급 압력의 변화를 볼 수 있는가? 레닌과 룩셈부르크의 제국주의론의 차이를 계급사회에서 그들이 처한 위치의 차이로 설명할 수 있는가? 과학적 사회주의는 논쟁을 바탕으로 생존하고 번성해야 한다. 똑같은 가정에서 출발하고 똑같은 분석 방법을 사용하는 과학자들도 모든 연구 분야에서 의견이 다르다.

당이 대중과 대화할 수 있으려면, 노동계급의 엄청난 투쟁 능력을 신뢰해야 할 뿐 아니라 객관적 정세와 노동계급의 물질적·도덕적 상태도 정확히 파악해야 한다. 당이 조금이라도 자기기만에 빠지면 대화는 차단되고 지루한 독백으로 바뀌고 말 것이다.

당은 전체에 종속돼야 한다. 따라서 혁명정당의 내부 체제는 당과 계급의 관계에 종속돼야 한다. 공장 경영진은 사업을 밀실에서 논의하고 나서 결정 사항을 노동자들에게 기정사실로 들이밀 수 있다. 자본주의를 전복하려는 혁명정당은 노동자 대중의 참여 없이 당내에서 정책을 토론하고 결정한다는 생각을 받아들여서는 안 된다(그러면 '만장일치로' 이미 만들어진 정책이 계급에게 제시될 것이다). 혁명정당의 이해관계는 계급과 무관하지 않기 때문에, 당의 정책 문제는 모두 계급의 문제이며 따라서 공개적으로, 계급 앞에서 토론돼야 한다. 공장 집회에서 볼 수 있는 토론의 자유, 즉 결정이 내려지면 행동을 통일할 것을 목표로 하는 토론의 자유가 혁명정당에도 적용돼야 한다. 이것이 뜻하는 바는 기본적 정책 문제에 대한 토론이 모두 공개적으로, 공개적 지면에서 이뤄져야 한다는 것이다. 노동자 대중이 토론에 참여해서 당과 당 기구, 지도부에 압력을 가할 수 있어야 한다.[40]

무엇보다, 혁명정당은 《공산당 선언》의 다음과 같은 지침을 따라야 한다.

공산주의자들은 전체 프롤레타리아와 어떤 관계인가? 공산주의자들은 다른 노동계급 정당들과 대립하는 별개의 당을 결성하지 않는다. 그들은 전체 프롤레타리아와 동떨어진 별개의 이해관계를 갖지 않는다. 그들은 자신들만의 종파적 원칙을 세우고 이 원칙에 따라 프롤레타리아 운동을 짜 맞추려 하지 않는다. 공산주의자들은 오직 다음과 같은 점에서만 다른 노동계급 정당들과 구별된다.
(1) 각국의 프롤레타리아가 국가적 투쟁을 벌일 때 공산주의자들은 국적을 떠나 전체 프롤레타리아의 공동 이익을 제시하고 그것을 전면에 내세운다.
(2) 부르주아지에 맞선 노동계급의 투쟁이 거쳐야 하는 각각의 발전 단계에서 공산주의자들은 언제 어디서나 전체 운동의 이익을 대변한다.
따라서 공산주의자들은 실천에서 모든 나라 노동계급 정당 가운데 가장 선진적이고 단호한 부문, 다른 모든 부문을 전진시키는 부문이다. 다른 한편, 이론에서 그들은 프롤레타리아 운동의 진행 경로와 조건, 그 운동의 궁극적·일반적 결과를 대다수 프롤레타리아보다 더 분명히 이해한다는 장점이 있다.

노동계급 전체는 사상 투쟁을 포함한 장기간의 투쟁을 통해 의식 수준과 조직을 결합시켜야 할 것이다. 마르크스는 당대에 독일 노동자들을 치켜세우며 아부하던 혁명가들에게 다음과 같이 말했다.

우리는 노동자들에게 이렇게 말한다. "단지 상황을 변화시키는 데 그치지 않고 여러분 자신도 변해서 스스로 정치권력을 장악하기에 알맞게 되려면 여러분은 부르주아지를 상대로 15년이나 20년간 국가적 전쟁을 벌여야 할 것입니다." 그러나 당신들[독일 혁명가들]은 노동자들에게 당장 정치권력을 장악하든지 아니면 모든 희망을 포기하라고 말한다.

계급, 당, 지도부

레온 트로츠키

노동계급 운동이 얼마나 후퇴했는지는 대중조직의 상태뿐 아니라 이데올로기 집단들과 그 집단들이 관여한 이론적 연구 결과를 봐도 가늠할 수 있다. 파리에서 출간된 《크 페르》(Que Faire: 무엇을 할 것인가)는 어떤 이유에서인지 몰라도 스스로 마르크스주의를 표방하지만, 실제로는 좌파 부르주아 지식인들과 지식인의 모든 악습을 고스란히 받아들인 고립된 노동자들의 경험주의에서 한 치도 벗어나지 못한다.

과학적 기초도 부족할 뿐 아니라 강령도 전통도 없는 여느 집단과 마찬가지로 이 시시한 잡지도 마르크스주의통일노동자당(POUM)에 편승하려 했다. POUM이야말로 대중에게 다가가고 승리에 이르는 첩경을 제시한 정당이라고 생각한 것이다. 그러나 《크 페르》가 이렇게 스페인 혁명과 연관을 맺은 결과는 처음부터 완전히 기대에 어긋난 듯하다. 그래서 이 잡지는 발전하기는커녕 오히려 퇴보했다. 사실, 이것은 완전히 당연한 결과다. 프티부르주아지의 보수성과 프롤레타리아 혁명의 필요성 사이의 모순이 극단으로 치달았기 때문이다. POUM의 정책을 옹호하고 해명하는 사람들이 정치적·이론적 영역에서 크게 퇴보한 것은 지극히 당연하다.

《크 페르》 자체는 전혀 중요하지 않다. 그러나 흥미로운 징후를 보여 준다. 스페인 혁명의 패배 원인에 대한 이 잡지의 평가를 찬찬히 곱씹어 보는 것이 유익하다고 생각하는 이유는 바로 이 때문이다. 더욱이 이러한 평가는 사이비 마르크스주의 좌파 진영에 널리 퍼진 근본적 특징을 매우 생생하게 보여 준다.

카사노바 동지가 쓴 소책자 《배반당한 스페인》에 대한 《크 페르》의 서평을 그대로 인용하면서 시작해 보자.

"왜 혁명이 분쇄됐는가?" 저자(카사노바)는 다음과 같이 답변한다. "공산당이 잘못된 정책을 펼쳤고, 불행하게도 혁명적 대중이 이를 따랐기 때문이다." 그러나 도대체 왜 혁명적 대중은 옛 지도자들을 버리고 공산당의 깃발 아래 결집했는가? "왜냐하면 진정한 혁명정당이 없었기 때문이다." 이것은 순수한 동어반복이다. 대중의 잘못된 정책과 미숙한 정당은 사회 세력의 특정 상태(노동계급의 미숙, 농민의 독립성 부족)를 나타내고, 이런 상태는 사실을 바탕으로 설명돼야 한다. 특히 카사노바 같은 사람들이 그런 설명을 제시해야 한다. 그러지 않으면 사회 세력의 상태는 악의를 가진 개인이나 집단의 행동 결과가 되는데, 그런 행동은 유일하게 혁명을 구할 수 있는 '진지한 개인들'의 노력과 부합하지 않는다. 카사노바는 처음에 마르크스주의의 길을 더듬더듬 찾다가 결국 두 번째 길로 들어선다. 여기서 우리는 순수한 악마학의 영역으로 안내된다. 패배에 책임이 있는 범죄자는 대마왕 스탈린이고, 아나키스트들과 여러 작은 악마들이 스탈린을 부추겼고, 혁명가들의 신은 유감스럽게도 1917년 러시아와 달리 스페인에는 레닌이나 트로츠키를 보내 주지 않았다는 것이다.

따라서 결론은 다음과 같다. "이것은 교회가 화석화한 정설을 사실에 강요하려 할 때 빚어지는 결과다." 이런 이론적 오만함을 더욱 돋보이게 하는 것은, 보수적 속물들의 진부함, 천박함, 오류들을 그토록 짧은 문장에서 그토록 많이 보여 줄 수 있었다는 사실이다.

위의 인용문 저자는 스페인 혁명이 왜 패배했는지를 결코 설명하지 않는다. 단지 '사회 세력의 상태' 같은 심오한 설명이 필요하다고 지적할 뿐이다. 그 저자가 설명을 회피한 것은 우연이 아니다. 이렇게 볼셰비즘을 비판하는 사람들은 모두 이론적 겁쟁이들이다. 그들에게는 확고한 독자적 견해가 전혀 없다는 단순한 사실 때문이다. 그들은 자신의 파산을 드러내지 않으려고 사실을 왜곡하고 다른 사람들의 견해를 기웃거린다. 그들은 마치 시간이 없어서 자신의 지혜를 충분히 보여 주지 못하는 양 암시와 어중간한 생각만 내비칠 뿐이다. 그러나 사실, 그들에게는 지혜라고 할 만한 것이 전혀 없다. 그들의 오만함은 지적 허풍으로 둘러싸여 있다.

이 저자의 암시와 어중간한 생각을 하나씩 분석해 보자. 그는 대중의 잘못된 정책을 '사회 세력의 특정 상태', 즉 노동계급의 미숙과 농민의 독립성 부족을 보여 주는 것으로만 설명할 수 있다고 생각한다. 이보다 더 명백한 동어반복도 찾기 힘들 것이다. '대중의 잘못된 정책'은 대중의 '미숙' 때문이다. 그러나 대중의 '미숙'이란 무엇인가? 한마디로 잘못된 정책에 빠지기 쉬운 경향이다. 잘못된 정책의 내용이 무엇인지, 누가 그 정책을 주도했는지, 대중인지 지도부인지 등에 대해 저자는 줄곧 침묵한다. 동어반복을 통해 그는 대중에게 책임을 전가한다. 모든 배신자와 이탈자, 그리고 그들을 옹호하는 자들의 이런 고전적 속임수는 특히 스페인 프롤레타리아와 관련해서 혐오감을 불러일으킨다.

1936년 7월에 — 이전 시기는 거론하지 않겠다 — 스페인 노동자들은, 민중전선의 비호를 받으며 음모를 꾸며 온 장교들의 공격을 격퇴했다. 대중은 급히 시민군을 조직하고, 장차 프롤레타리아 독재의 요새가 될 노동자 위원회들을 건설했다. 반면에, 프롤레타리아의 지도적 조직들은 부르주아지가 노동자 위원회들을 파괴하고 사유재산에 대한 노동자들의 공격을 무위로 돌리고 노동자 시민군을 통제할 수 있도록 도와줬다. 더욱이, POUM은 정부에 참여해서 이런 반혁명 활동의 책임을 떠맡기까지 했다.

이 경우에 프롤레타리아의 '미숙'은 무엇을 의미하는가? 자명한 사실은 이것뿐이다. 즉, 대중이 올바른 정치적 노선을 선택했는데도 사회주의자, 스탈린주의자, 아나키스트, POUM과 부르주아지의 연립정부를 분쇄할 수는 없었다는 것이다. [《크 페르》 저자의] 이런 궤변은 어떤 절대적 성숙 개념을 그 출발점으로 삼는다. 즉, 올바른 지도부가 필요 없을 뿐 아니라 더 나아가 자신의 지도부를 거슬러서 승리할 수도 있는 대중의 완벽한 상태를 가정한다. 그러나 그런 성숙은 있지도 않고 있을 수도 없다.

우리의 현학자들은 다음과 같이 반문한다. 그렇게 올바른 혁명적 본능과 뛰어난 투쟁 능력을 보여 준 노동자들이 왜 배신적 지도부에 굴종했는가? 우리의 대답은 이렇다. 굴종의 낌새조차 없었다! 노동자들의 행진 방향은 언제나 지도부의 방향과 어느 정도 엇나갔다. 그리고 가장 결정적인 순간에는 방향이 서로 정반대가 됐다. 그러면 지도부는 무력으로 노동자들을 굴복시키는 것을 직간접으로 도왔다.

1937년 5월 카탈루냐의 노동자들은 지도부 없이, 아니 지도부를 거슬러서 봉기했다. 아나키스트 지도자들(손쉽게 혁명가로 위장한 가련하고 한심한 부르주아들)은 자신들의 신문에서 다음과 같은 말을 수백 번도 더 되풀이했다. 즉, 전국노동자연맹CNT이 5월에 권력을 장악해서 자신들의 독재 정권을 세우기를 원했다면 별 어려움 없이 그렇게 할 수 있었을 것이라고 말이다. 이 아나키스트 지도자들의 말은 완전히 진실이었다. POUM 지도부는 사실, CNT의 꽁무니를 따라다니며 CNT의 정책을 다른 문구로 포장해 줬을 뿐이다. 부르주아지가 '미숙한' 프롤레타리아의 5월 봉기를 분쇄할 수 있었던 것은 오로지 그 덕분이었다.

스페인 대중은 지도부를 따르기만 했다는 공허한 말을 반복해서는 계급과 당, 대중과 지도부 사이의 상호 관계에 대해 아무것도 이해할 수 없다. 우리가 말할 수 있는 단 한 가지 사실은, 대중은 언제나 올바른 길로 나아가려고 분투했지만 투쟁의 불길 속에서는 혁명의 요구에 부응하는 새 지도부를 건설할 수 없었다는 것이다. 우리가 살펴보는 대단히 역동적인 과정에서는 혁명의 여러 단계가 급변하고 지도부의 여러 분파가 계급의 적진으로 재빨리 도주한다. 그러나 우리의 현학자들은 다음과 같이 순전히 정적인 논의를 하고 있다. 노동계급 전체가 왜 잘못된 지도부를 따랐는가?

진화론적 자유주의자들의 오래된 경구가 있다. 모든 나라의 국민은 자기 수준에 맞는 정부를 가진다는 것이다. 그러나 역사를 보면, 똑같은 국민이 비교적 짧은 시기 동안 사뭇 다른 정부들을 가질 수 있으며(러시아, 이탈리아, 독일, 스페인 등의 역사를 보라), 더욱이 이러한 정부들이 수립되는 순서는 진화론적 자유주의자들의 생각과 달리 전제 정부에서 자유주의 정부로 나아가는 동일한 방향이 결코 아님을 알 수 있다. 그 비밀인즉, 국민은 적대적 계급들로 구성돼 있으며, 계급들 자체도 서로 다른 지도부를 따르는 서로 다른 계층들, 부분적으로는 서로 적대적인 계층들로 이뤄져 있다는 사실이다. 더구나 모든 나라의 국민은 다른 나라 국민들(역시 계급들로 구성돼 있다)의 영향을 받는다. 정부는 체계적으로 성장하는 '국민'의 '성숙'을 나타내는 것이 아니라 상이한 계급 간의 투쟁과 동일한 계급 내의 상이한 계층 간의 투쟁의 산물이며, 마지막으로는 동맹·갈등·전쟁 등과 같은 외부의 힘이 작용한 결과다. 또, 정부는 한번 수립되면 그 정부를 만들어 낸 세력 관계보다 훨씬 오래 지속될 수 있다는 점도 덧붙여야 한다. 바로 이런 역사적 모순으로 말미암아 혁명, 쿠데타, 반혁명 등이 일어난다.

한 계급의 지도부 문제를 다룰 때도 이와 똑같은 변증법적 태도가 필요하다. 우리의 현학자들은 자유주의자들을 모방해서 모든 계급은 자기 수준에 맞는 지도부를 따른다는 경구를 암묵적으로 받아들인다. 사실, 지도부는 한 계급의 단순한 '반영'도 아니고 스스로 자처한다고 해서 될 수 있는 것도 아니다. 지도부는 상이한 계급들의 투쟁 과정이나 특정 계급 내 상이한 계층 사이의 마찰 과정에서 형성된다. 지도부는 일단 형성되면 항상 자기 계급을 넘어서기 마련이고, 그래서 다른 계급의 압력과 영향을 받게 된다. 프롤레타리아는 지도부가 이미 내부적으로 완전히 변질됐는데도 중대한 사건들을 통해 그런 변질이 아직 드러나지 않았을 때 그 지도부를 오랫동안 '용인'할 수 있다.

지도부와 계급 사이의 모순이 첨예하게 드러나려면 거대한 역사적 충격이 필요하다. 가장 강력한 역사적 충격은 전쟁과 혁명이다. 바로 이런 이유 때문에 흔히 노동계급이 느닷없이 전쟁과 혁명에 휘말리는 것이다. 그러나 옛 지도부의 내부 부패가 드러난 경우에도 계급은 당장 새 지도부를 급조할 수 없다. 특히 기존의 지도적 정당이 붕괴한 상황을 이용할 수 있는 강력한 혁명적 간부들을 이전 시기에서 물려받지 않았다면 더 힘들다. 계급과 지도부의 상호 관계에 대한 현학적 해석이 아닌 마르크스주의적 해석, 즉 변증법적 해석은 《크 페르》 저자의 형식주의적 궤변을 완전히 논파한다.

《크 페르》 저자는 프롤레타리아의 성숙을 순전히 정적인 것으로 여긴다. 그러나 혁명기에 한 계급의 의식은 혁명의 진로를 직접 결정하는 가장 역동적인 과정이다. 1917년 1월에, 심지어 차르 체제가 전복된 뒤인 3월에조차 러시아 프롤레타리아가 8~9개월 후 권력을 잡을 만큼 충분히 '성숙'할지를 묻는 질문에 과연 대답

할 수 있었을까? 당시 노동계급은 정치적·사회적으로 매우 이질적이었다. 전쟁 동안 노동계급의 30~40퍼센트가 흔히 반동적인 프티부르주아 출신들로 교체됐는데, 이들은 후진적인 농민, 여성, 청년이었다. 1917년 3월에 볼셰비키당을 지지한 노동계급은 하찮은 소수에 불과했고, 더구나 당내에는 의견 충돌도 있었다. 노동자들의 압도 다수는 멘셰비키와 사회혁명당, 즉 보수적인 사회애국주의자들을 지지했다. 군대와 농촌에서는 상황이 더 불리했다. 여기에 다음의 사실도 덧붙여야 한다. 러시아는 문화 수준이 대체로 낮았고, 농민과 병사들은 물론 광범한 프롤레타리아 대중도 정치 경험이 부족했다. 특히 지방에서 그랬다.

볼셰비키의 '유동자산'은 무엇이었는가? 오로지 레닌만이 혁명 초기부터 분명하고 일관된 혁명 개념을 갖고 있었다. 러시아에서 볼셰비키당의 간부들은 뿔뿔이 흩어진 채 상당히 혼란스러워 하고 있었다. 그러나 당은 선진 노동자들에게 권위가 있었고, 레닌은 당 간부들에게 커다란 권위가 있었다. 레닌의 정치적 개념은 혁명의 실제 전개 과정과 맞아떨어졌고 새로운 사건이 일어날 때마다 더욱 강화됐다. 이러한 '자산'들은 혁명적 상황, 즉 격렬한 계급투쟁 상황에서 기적을 만들어 냈다. 당은 레닌의 개념에 맞게, 즉 혁명의 실제 과정에 맞게 재빨리 정책을 조정했다. 그 덕분에 수많은 선진 노동자들의 확고한 지지를 받았다. 혁명의 발전 과정에 바탕을 둔 덕분에 당은 몇 달 만에 다수 노동자들에게 당의 구호가 올바르다는 것을 확신시킬 수 있었다. 소비에트로 조직된 이 대다수 노동자들이 이번에는 병사와 농민 들을 끌어당길 수 있었다.

이러한 역동적·변증법적 과정을 어찌 프롤레타리아의 성숙 또는 미숙이라는 공식으로 다 표현할 수 있겠는가? 1917년 2월이나 3월에 러시아 프롤레타리아의 성숙에서 엄청나게 중요한 요인은 레닌이었다. 그는 하늘에서 떨어지지 않았다. 그는 노동계급의 혁명적 전통의 화신이었다. 레닌의 구호가 대중에게 다가가기 위해서는 간부들이(비록 처음에는 수가 적더라도) 존재해야만 했다. 또, 지도부에 대한 간부들의 신뢰, 즉 과거의 모든 경험을 바탕으로 한 신뢰도 있어야 했다. 이러한 요인들을 고려하지 않는 것은 생동하는 혁명을 무시하고 그것을 '세력 관계'라는 추상으로 대체하는 것이다. 왜냐하면 혁명의 발전 과정에서는 프롤레타리아의 의식이 바뀌고 후진 부위가 선진 부위로 이끌리고 계급의 자신감이 증대함에 따라 세력 관계가 끊임없이 빠르게 변하기 때문이다. 이 과정의 핵심 동력은 당이다. 당의 메커니즘에서 핵심 동력이 지도부이듯이 말이다. 혁명기에 지도부의 구실과 책임은 막중하다.

10월 혁명의 승리는 프롤레타리아의 '성숙'을 입증하는 중요한 증거다. 그러나 이 성숙은 상대적이다. 몇 년 뒤 바로 그 프롤레타리아가 자기 대열에서 성장한 관료들이 혁명을 교살하도록 허용했다. 승리는 프롤레타리아가 '성숙'한 결과로 얻게 되는 다 익은 열매가 아니다. 승리는 전략적 과제다. 대중을 동원하려면 혁명적 위기라는 유리한 상황을 이용할 필요가 있다. 특정 수준의 '성숙'을 출발점으로 삼아서, 대중이 앞으로 나아가도록 독려해야 하고, 또 적은 결코 전능하지 않고 오히려 모순으로 사분오열해 있으며 겉으로는 당당한 척하지만 사실은 공황 상태에 빠져 있음을 대중에게 이해시켜야 한다. 볼셰비키당이 이러한 과제를 수행하지 못했다면 프롤레타리아 혁명의 승리는 말조차 꺼내지 못했을 것이다. 소비에트는 반혁명으로 파괴됐을 것이고, 전 세계의 비열한 현학자들은 러시아에서 오직 몽상가들만이 너무 소수인 데다 너무 미숙한 프롤레타리아의 독재를 꿈꿨다는 내용의 책이나 글을 써 댔을 것이다.

이와 마찬가지로 농민의 '독립성 부족' 운운하는 주장도 추상적이고 현학적이며 잘못됐다. 우리의 현학자들은 자본주의 사회에서 농민이 독립적인 혁명적 강령이나 독립적인 혁명적 주도권을 가진 경우를 언제 어디서 봤는가? 농민은 혁명에서 매우 중대한 구실을 할 수 있지만 단지 보조적 구실만 할 수 있을 뿐이다.

많은 경우에 스페인 농민은 대담하게 행동하고 용감하게 싸웠다. 그러나 농민 전체가 봉기하게 하려면 프롤레타리아가 부르주아지에 맞선 결정적 봉기의 본보기를 보여 줘서 농민에게 승리할 수 있다는 확신을 줘야 했다. 그러나 프롤레타리아의 혁명적 주도

권 자체가 번번이 프롤레타리아 자신의 조직들에 의해 마비됐다.

프롤레타리아의 '미숙', 농민의 '독립성 부족'은 역사적 사건에서 궁극적 요인도 아니고 근본적 요인도 아니다. 계급의식의 근저에는 계급의 존재 자체, 계급의 인원수, 경제생활에서 계급이 하는 구실이 놓여 있다. 계급의 근저에는 생산력 발전 수준에 조응하는 특정한 생산 체제가 놓여 있다. 그렇다면 차라리 스페인 프롤레타리아의 패배는 낮은 기술 수준 때문이라고 말하는 게 낫지 않겠는가?

우리의 저자는 역사 과정의 변증법을 기계적 결정론으로 대체한다. 그래서 좋든 나쁘든 개인이 하는 구실을 저속하게 비웃는다. 역사는 계급투쟁의 과정이다. 그러나 계급은 자신의 중요성을 저절로 그리고 동시에 깨닫지 않는다. 투쟁 과정에서 계급은 다양한 조직들을 만들어 내는데, 그 조직들은 중요하고 독립적인 구실을 하지만 그 과정에서 변형을 겪을 수밖에 없다. 이것은 또, 역사에서 개인이 하는 구실의 토대가 되기도 한다. 물론 히틀러의 독재 정권을 만들어 낸 중요한 객관적 원인들이 있지만, '결정론'에 사로잡힌 우둔한 현학자들만이 오늘날 히틀러의 엄청난 역사적 구실을 무시할 것이다. 1917년 4월 3일 레닌이 페트로그라드에 도착한 덕분에 볼셰비키당은 제때 바뀔 수 있었고 혁명을 승리로 이끌 수 있었다.

우리의 현학자들은 레닌이 1917년 초에 외국에서 죽었더라도

10월 혁명은 '그대로' 일어났을 것이라고 말할지 모르겠다. 그러나 그렇지 않다. 레닌은 역사적 과정의 생동하는 요인들 중 하나였다. 그는 프롤레타리아의 가장 능동적인 부문의 경험과 통찰력의 화신이었다. 프롤레타리아의 전위를 움직이고 그들에게 노동계급과 농민 대중을 규합할 기회를 제공하기 위해서는 레닌이 혁명의 무대에 제때 등장하는 것이 필요했다. 역사의 전환점이라는 결정적 순간에 정치적 지도부는 전쟁의 결정적 순간에 총사령부가 하는 구실만큼이나 결정적인 요인이다. 역사는 자동적 과정이 아니다. 역사가 자동적 과정이라면 지도자가 왜 필요하겠는가? 당과 강령, 이론적 투쟁은 또 왜 필요하겠는가?

앞서 봤듯이, 《크 페르》 저자는 "그러나 도대체 왜 혁명적 대중은 옛 지도자들을 버리고 공산당의 깃발 아래 결집했는가?" 하고 묻는다. 이 질문은 잘못 제기됐다. 혁명적 대중이 옛 지도자들을 모두 버렸다는 것은 사실이 아니다. 전에 특정 조직과 연계돼 있던 노동자들은 계속 그 조직에 연연하면서 지켜보고 확인했다. 대체로 노동자들은 자신을 일깨워 의식적 삶을 살게 해 준 당을 쉽게 떠나지 못한다. 더구나 민중전선 내에 존재하는 상호 보호 분위기가 노동자들을 안심시켰다. '모든 사람이 동의했으니 모든 일이 잘될 것이다.' 새롭고 경험 없는 대중은 자연스럽게 코민테른에 의지했다. 왜냐하면 코민테른은 유일하게 프롤레타리아 혁명에 성공한 정당이었고 틀림없이 스페인에 무기를 제공할 것 같았기 때문이다. 더욱이 코민테른은 민중전선 사상을 가장 열렬히 옹호했다. 이것은 경험 없는 노동자들에게 자신감을 불어넣었다. 민중전선 내에서 코민테른은 혁명의 부르주아적 성격을 가장 열렬히 옹호했다. 이것은 프티부르주아지와 부분적으로는 중간 부르주아지에게 자신감을 불어넣었다. 바로 이 때문에 대중이 "공산당의 깃발 아래 결집"한 것이다.

《크 페르》 저자는 마치 프롤레타리아가 신발이 많은 신발 가게에서 새 구두를 고르는 문제인 양 사태를 묘사한다. 물론 다들 알다시피 이렇게 단순한 일조차 항상 성공하지는 않는다. 하물며 새 지도부를 선택하는 일은 훨씬 더 제한이 많다. 광범한 대중은 오직 점진적으로만 그리고 여러 단계를 거친 자신들의 경험에 근거해서만 새 지도부가 옛 지도부보다 더 확고하고 더 믿을 만하며 더 충실하다고 확신하게 된다. 확실히, 사태가 급변하는 혁명기에는 허약한 당도 혁명의 진로를 명쾌하게 이해하고 확고한 간부들(미사여구에 도취하지 않고 박해를 두려워하지도 않는)을 보유하고 있다면 강력한 당으로 금세 성장할 수 있다. 그러나 그러한 당은 혁명 전에 준비돼 있어야 한다. 간부들을 훈련시키려면 상당한 시간이 필요한데, 혁명은 이런 시간을 허용하지 않기 때문이다.

POUM은 스페인에서 가장 왼쪽에 있는 정당이었고, 혁명 전에 아나키즘을 굳게 신뢰하지 않은 혁명적 노동자들을 포함하고 있었다. 그러나 바로 이 당이 스페인 혁명의 전개 과정에서 치명적 구실을 했다. POUM은 대중정당이 될 수 없었다. 대중정당이 되려면 먼저 기성 정당들을 무너뜨려야 했는데, 이것은 비타협적 투쟁으로만, 그리고 기성 정당의 부르주아적 성격을 가차없이 폭로해야만 가능한 일이었기 때문이다. POUM은 기성 정당들을 비판하면서도 모든 근본적 문제에서는 그들에게 종속됐다. POUM은 '민중' 선거 연합에 참여했고, 노동자 위원회를 해산한 바로 그 정부에 들어갔으며, 이 연립정부를 재건하는 투쟁에 참여했고, 아나키스트 지도부에 거듭거듭 굴복했으며, 이와 관련해 잘못된 노동조합 정책을 실행했고, 1937년 5월 봉기에 대해서는 주저하며 비혁명적 태도를 취했다. 일반적 결정론의 관점에서는 POUM의 정책이 우연이 아니었다고 인정할 수 있다. 세상 모든 일은 나름대로 원인이 있다. 그러나 POUM의 중간주의를 낳은 여러 원인들은 스페인이나 카탈루냐 프롤레타리아의 상황을 반영한 것이 결코 아니다. 두 가지 인과관계가 서로 비스듬히 접근하다가 어느 순간 적대적으로 충돌한 것이었다.

 POUM이 중간주의 정당으로 전락한 이유를 정치적·심리적으로 설명하려면 과거의 국제적 경험, 소련의 영향, 수많은 패배의 영향을 고려해야 한다. 그러나 그렇다고 해서 POUM의 중간주의 성격이 바뀌는 것도 아니고, 중간주의 정당은 언제나 혁명의 걸림돌 구실을 하고 번번이 자기 발등을 찍고 혁명의 패배를 부를 수도 있다는 사실이 바뀌는 것도 아니다. 또, 카탈루냐 대중이 POUM보다 훨씬 더 혁명적이었고, POUM의 평당원들이 그 지도부보다 훨씬 더 혁명적이었다는 사실이 바뀌는 것도 아니다. 사정이 그랬는데도, 잘못된 정책을 대중의 '미숙' 탓으로 돌리는 것은 정치적 파산자들이 흔히 의존하는 순전한 허풍이다.

역사적 왜곡은 다음과 같다. 스페인 대중의 패배에 대한 책임은 대중의 혁명적 운동을 마비시키거나 심지어 분쇄한 이런 정당들이 아니라 노동 대중에게 있다는 것이다. POUM 옹호론자들은 지도부의 책임을 한사코 부정하면서 자신들의 책임도 회피하려 한다. 이런 무기력한 철학은 패배를 보편적 발전 과정의 필수적 연결 고리로 받아들이려 하기 때문에, 패배를 자초한 강령, 당, 개인들 같은 구체적 요인의 문제를 제기할 수도 없고 제기하지도 않는다. 이러한 숙명론과 굴종의 철학은 혁명적 행동의 이론인 마르크스주의와 정반대다.

내전은 정치적 과제가 군사적 수단으로 해결되는 과정이다. 이 전쟁의 결과가 '계급 세력의 상태'에 따라 결정된다면 전쟁 자체가 필요하지 않을 것이다. 전쟁은 자체의 조직, 자체의 정책, 자체의 방식, 자체의 지도부가 있고, 이런 것들이 전쟁의 운명을 직접 결정한다. 당연히 '계급 세력의 상태'는 다른 모든 정치적 요인들의 토대가 된다. 그러나 건물의 토대가 벽, 창문, 문, 지붕의 중요성을 감소시키지 않는 것처럼 '계급 세력의 상태'가 당, 전략, 지도부의 중요성을 없애지 않는다. 우리의 현학자들은 구체적인 것을 추상적인 것으로 해소시키면서 정말로 중간에서 멈춰 버렸다. 그들이 문제를 해결하는 가장 '심오한' 해법은 생산력 발전이 불충분해서 스페인 프롤레타리아가 패배했다고 말하는 것이겠지만, 이런 말은 바보라도 할 수 있다.

우리의 현학자들은 당과 지도부의 중요성을 철저히 무시하다 보니 대체로 혁명적 승리의 가능성도 부인한다. 왜냐하면 더 유리한 상황을 기대할 근거가 전혀 없기 때문이다. 자본주의의 발전은 중단됐고, 프롤레타리아의 수가 증가하지 않고 오히려 실업자가 늘어난다. 이것은 프롤레타리아의 투쟁력을 증대시키는 것이 아니라 오히려 감소시키며, 그들의 계급의식에도 부정적 효과를 미친다. 마찬가지로, 자본주의 체제에서 농민이 더 높은 혁명적 의식을 획득할 수 있다고 믿을 만한 근거도 없다. 따라서 《크페르》 저자의 분석에서 나오는 결론은 혁명적 전망에서 벗어난 완벽한 비관주의다. 공정하게 말하면, 이 저자는 자신이 한 말을 전혀 이해하지 못하고 있다.

사실, 《크 페르》 저자가 대중의 의식에 제기하는 요구들은 완전히 환상이다. 스페인 농민과 노동자들은 혁명적 상황에서 자신들이 할 수 있는 최대치를 보여 줬다. 우리는 바로 이들 계급의 수백만, 수천만 명을 염두에 두고 있다.

《크 페르》는 이처럼 시시한 학파나 교파들 가운데 하나일 뿐이다. 그들은 투쟁의 경로와 반동의 시작에 겁을 먹고, 대중운동은 물론 혁명적 사상의 실제 발전 과정에서도 멀리 떨어진 채 저 구석에서 하찮은 잡지나 이론적 습작을 출간하고 있다.

스페인 프롤레타리아는 제국주의자, 스페인 공화주의자, 사회주의자, 아나키스트, 스탈린주의자와 좌파인 POUM으로 구성된 연립정부에 희생됐다. 그들은 스페인 프롤레타리아가 정말로 실현하기 시작했던 사회주의 혁명을 완전히 마비시켰다. 그러나 사회주의 혁명을 제거하기는 쉽지 않다. 무자비한 탄압, 선진 부위 학살, 지도부 처형 등의 방법 말고 다른 방법은 아직까지 고안되지 않았다. 물론 POUM은 이런 것을 원하지 않았다. 그들은 한편으로는 공화국 정부에 참여해서 평화를 사랑하는 충실한 반대파로서 집권당 진영에 들어가려 했고, 다른 한편으로는 화해할 수 없는 내전의 문제가 닥쳤을 때 평화적 동지 관계를 유지하고자 했다. 바로 이런 이유 때문에 POUM은 자신의 모순된 정책에 희생된 것이다. 집권당 진영에서 가장 일관된 정책을 추구한 것은 스탈린주의자들이었다. 이들은 부르주아 공화주의 반혁명을 위해 싸우는 전위였다. 스탈린주의자들은 그들 자신이 '민주주의' 기치 아래 프롤레타리아 혁명을 교살할 수 있음을 스페인과 전 세계 부르주아지에게 입증해서 파시즘의 필요성을 제거하려 했다. 이것이 그들 정책의 요점이었다. 오늘날 스페인 민중전선의 파산자들은 게페우^{GPU*}를 비난하며 책임을 전가한다. 확신컨대, 우리가 GPU의 범죄에 관용을 베풀 수는 없다. 그러나 우리는 다음과 같은 사실을 분명히 알고 있고 그래서 노동자들에게 이렇게 말해야 한다. GPU는 민중전선에 헌신하는 가장 단호한 파견대 구실을 했을 뿐이라고 말이다. 여기에 GPU의 강점이 있었고, 스탈린의 역사적 구실이 있었다. 단지 무지한 속물들만이 대마왕에 대한 어리석은 농담을 지껄이면서 이 사실을 무시할 수 있을 것이다.

이 신사 양반들은 혁명의 사회적 성격이라는 문제를 고민조차 하지 않는다. 소련의 충실한 부하들은 영국과 프랑스를 위해 스페인 혁명은 부르주아 혁명이라고 선언했다. 이런 속임수를 바탕으로 민중전선의 배신적 정책들이 수립됐다. 민중전선의 정책은 스페인 혁명이 정말로 부르주아 혁명이었다고 하더라도 완전히 잘못된 정책이었을 것이다. 그러나 스페인 혁명은 처음부터 1917년 러시아 혁명보다 더 분명하게 프롤레타리아적 성격을 드러냈다. 오늘날 POUM 지도부 내의 신사 양반들은 안드레우 닌의 정책이 너무 '좌파적'이었다고, 진정 올바른 정책은 민중전선 내의 좌파로 남아 있는 것이었다고 생각한다. 그러나 진정한 불행은 닌이 레닌과 10월 혁명의 권위를 한 몸에 누리면서도 민중전선과 결별하기

---

* 소련의 보안경찰.

로 결단을 내리지 못했다는 것이다. 중요한 문제에서 경솔한 태도를 취해 스스로 체면을 구기는 빅토르 세르주는 닌이 오슬로나 코요아칸*의 명령을 따르고 싶어하지 않았다고 썼다. 진지한 사람이라면 과연 혁명의 계급적 내용이라는 문제를 하찮은 잡담거리로 다룰 수 있을까?

《크 페르》의 현학자들은 이런 물음에 결코 답을 하지 못한다. 그들은 질문 자체를 이해하지 못한다. 정말로 중요한 것은 다음과 같은 사실이다. 즉, '미숙한' 프롤레타리아는 자신의 권력기관을 세우고, 기업을 접수하고, 생산을 규제하려 했으나, POUM은 부르주아 아나키스트들과 분열하지 않으려고 갖은 애를 썼고, 이 아나키스트들은 부르주아 사회주의자나 스탈린주의자는 말할 것도 없고 부르주아 공화주의자와도 동맹을 맺고 프롤레타리아 혁명을 공격하고 교살했다는 것이다. 이런 '하찮은' 이야기는 '화석화한 정설'의 대표자들에게만 중요할 뿐이다. 오히려 《크 페르》의 현학자들은 혁명적 계급 전략의 모든 문제와 무관하게 프롤레타리아의 성숙 정도와 세력 관계를 측정하는 특별한 도구를 가지고 있다.

---

* 노르웨이 오슬로와 멕시코 코요아칸은 당시 트로츠키의 망명지였다.

1917년 이전의 당과 계급

알렉스 캘리니코스

당과 계급의 관계는 혁명적 정치의 핵심 문제다. 사회주의 혁명은 노동자 대중의 능동적 참여와 노동계급의 선진 부분을 묶어 세우는 규율 잡힌 조직 둘 다에 달려 있다. 우리의 전통은 혁명정당과 프롤레타리아 사이의 변증법적 상호작용에 면밀히 주의를 기울여 왔다. 토니 클리프, 던컨 핼러스, 크리스 하먼, 존 몰리뉴의 저작들에서[1] 특히 두드러지는 것처럼 말이다. 도니 글룩스타인은 《인터내셔널 소셜리즘》 22호에 실린, 흥미롭고 더러 도발적이기도 한 글에서 이 문제에 관한 우리의 사고를 발전시키려 했다.[2] 그가 말한 것은 많은 부분 나무랄 데 없이 훌륭하지만, 어떤 주장들은 모호해서 오해를 낳을 수도 있고 또 어떤 주장들은 완전히 잘못돼 있다. 이런 주장들을 그대로 놔둔다면 도니 자신의 의도와 정반대로 매우 심각한 정치적 잘못을 조장할 수 있다. 그러나 이 글의 목적이 단지 그런 오류들에 대한 관심을 끌어내는 것만은 아니다. 도니의 주장 가운데 참된 것이면서 또한 교훈을 주는 것을 강조하는 데도 그 목적이 있다.

"실종된 당"이라는 글의 제목이 시사하듯이 도니는 제1차세계대전 말에 일어난 위대한 프롤레타리아 반란들에서 혁명정당이 지도를 제공할 수 있을 만큼 발전했던 곳은 오직 러시아뿐이었다는 사실을 설명하고 싶어한다. 그는 가장 중요한 사례인 독일에서 혁명정당이 없었던 이유에 대한 '일반적 설명'은 단순히 로자 룩셈부르크 개인의 '태만죄'를 탓하는 잘못된 설명이라고 일축한다. 도니는 오히려 그 문제의 답이 다음과 같은 사실에 있다고 주장한다. "아무도 노동자 권력이 작업장 정치 속에서 자라나고 있는 것을 보지 못했다. 달리 말해, 아무도 당이 작업장 투쟁에 개입하는 것을 통해 계급과 관계를 맺음으로써 성장한다는 개념이 없었다." 또한, 로자 룩셈부르크가 거의 생애 마지막까지도 이해하지 못한 이 색다른 정치의 비결은 생산 현장의 집단적 조직에 바탕을 둔 독특한 정치형태의 노동자 권력, 즉 소비에트에 있다고 말한다.

또, 도니는 다음과 같이 주장한다. 소비에트가 러시아에서 최초로 등장한 것은(그 이름이 암시하듯이) 결코 우연이 아니었다.

러시아 역사 발전의 특이성으로 말미암아, 특히 19세기 말 급속한 자본주의 공업화와 절대왕정의 오랜 지배가 맞물린 결과, 서유럽(노동조합 관료주의와 대중적 개혁주의 노동자 정당이 있었던)의 특징인 경제와 정치의 분리가 러시아에서는 결코 나타날 수 없었다. "[러시아에서는] 이러한 요인들 때문에, 생산 현장이 노동자 국가의 토대임을 보여 줄 소비에트가 없었어도 작업장 투쟁을 기본 노선으로 하는 당이 등장할 수 있었다." 레닌과 볼셰비키는 거의 우연히 올바른 길을 걸을 수 있었다. 오직 1917년 혁명 자체와 소비에트의 승리를 통해서만 볼셰비키의 독특한 사회주의 조직 개념이 전면에 부각될 수 있었고, 오직 그때에만 러시아의 경험이 주는 교훈들을 서유럽에 적용할 수 있었다.

많은 독자들은 위에서 요약한 도니의 주장 가운데 상당 부분이 진실이라고, 이론의 여지가 없는 진실이라고 느낄 것이다. 그러나 도니의 정식들 중 많은 부분은, 특히 소비에트를 "색다른 정치 활동의 비결"로 강조한 부분은 사람들을 아주 잘못된 길로 이끌 수 있다. 나는 도니의 주장에 숨어 있는 위험을 명백히 하기 위해 그가 쓴 글의 두 가지 중심 주제에 초점을 맞추고자 한다. 혁명정당을 건설하지 못한 로자 룩셈부르크의 책임을 벗겨 주려는 시도와 '평의회 공산주의' 쪽으로 쏠린 뚜렷한 경향, 즉 혁명 과정에서 당보다 소비에트에 우위를 부여하는 경향이 그것이다.

룩셈부르크와 숙명론

도니는 로자 룩셈부르크가 당의 구실을 이해하지 못했다고 비판해 온 우리 전통의 사람들이 틀렸다는, 아주 이색적이고 독창적인 주장을 하면서 이러한 오류의 예로 린지 저먼을 들고 있다. 그러나 도니는 토니 클리프나 던컨 핼러스, 크리스 하먼이나 존 몰리뉴도 그러한 예로 쉽게 선택할 수 있었을 것이다. 예컨대, 크리스 하먼의 "당과 계급"은 레닌의 조직관이 룩셈부르크의 견해보다 우월했다는 사실을 입증하려는 체계적 노력이다. 도니가 옳다면 "당과 계급"뿐 아니라 그와 비슷한 저작들(예를 들면 존 몰리뉴의 《마르크스주의와 당》)도 틀린 셈이다.

도니가 자기 주장을 뒷받침하려고 드는 논거는 무엇인가? 그는 다음과 같이 말한다. 룩셈부르크는 순수하게 대중의 자발성에만 의존했기는커녕 노동조합 관료의 보수성과 노동자 의식의 불균등성을 예리하게 알아차리고 있었다. 더욱이 레닌과 마찬가지로 이러한 장애들을 극복하려면 명확하고 단호한 혁명적 정치 지도부가 필수적이라고 생각했다. 마지막으로 룩셈부르크는, 자본주의의 전복이 아니라 부분적 개혁을 요구하며 노동자들이 벌이는 일상적 투쟁과 관계 맺는 것을 통해서만 그런 지도부가 발전할 수 있다는 사실도 알고 있었다. 그래서 룩셈부르크는 독일 사회민주당 소속 국회의원들과 노조 지도자들(그들에게는 부분적 요구를 위한 투쟁 자체가 목적이었다)의 개혁주의와 초좌파 사회주의자들이나 아나키스트들(자신들의 혁명적 순수성을 보존하느라 노동자들의 일상적 투쟁을 무시했다)의 종파주의를 모두 거부했다.

도니가 보기에, 룩셈부르크의 약점은 그녀가 지녔던 견해에서 비롯하는 것이 아니라 그 견해를 실천과 연결하지 못한 데서 비롯한다. "그녀가 해결할 수 없었던 문제는, 근본적으로 올바른 사회주의 변혁 이론을 어떻게 현실로 옮겨 놓을까 하는 문제였다." 그 때문에 《대중 파업》에서 "룩셈부르크는 여전히 추상적 관점으로 혁명을 바라봤다." 그 결과, 대중투쟁에 대한 정치적 지도와 조직적 지도를 그릇되게 구별하려 한 것 같은 혼동이 빚어졌다는 것이다.

[도니는 계속해서 다음과 같이 주장한다.] 룩셈부르크가 혁명 과정을 분석하는 데서 나타나는 추상성은 "핵심 개념 … 즉, 생산 현장이야말로 동원된 노동계급의 경제적 힘이 정치투쟁으로 전환될 수 있는 장소"라는 개념이 빠져 있는 데서 비롯한다. 그러나 이것은 룩셈부르크의 이론에 결함이 있기 때문이 아니다. 그보다는 객관적 상황, 즉 작업장에서 정치와 경제를 하나로 묶어 낼 수 있는 조직 형태인 소비에트가 존재하지 않았기 때문이다(다른 마르크스주의자들과 마찬가지로 룩셈부르크도 1905년 혁명에서 처음 소비에트가 등장했을 때 그 중요성을 인식하지 못했다). "작

업장 정치의 최고 형태인 소비에트는 룩셈부르크가 이론 속에서만 해결할 수 있었던 모든 문제의 구체적 해결책이었다."

따라서 도니가 자신의 주장을 요약한 대로라면, 룩셈부르크의 결함은 그녀 자신에게 있지 않고 그녀가 처한 운명에서 비롯한다.

룩셈부르크의 견해는 원칙 있는 혁명정당이 당면 투쟁에도 관여해야 한다는 점을 이해했다는 장점이 있다. 독일 사회민주당과 노동조합들은 정치와 경제를 확연하게 분리했다. … 그러나 룩셈부르크는 정치와 경제를 분리하거나 목표와 수단을 분리하기를 항상 거부했다. 그렇지만 목표(혁명)가 수단을 제약한다. 작업장 대표들의 평의회에 바탕을 둔 노동자 권력이라는 목표가 분명해지기 전까지는 그 수단(혁명정당)은 발견될 수 없었던 것이다.

이렇게 당보다 소비에트에 우위를 두는 도니의 경향은 다음 절에서 다시 살펴보겠다. 당장은 도니가 룩셈부르크를 어떻게 이해하는지에 집중해 보자. 그녀의 가장 중요한 단행본인 《대중 파업》을 보자. 룩셈부르크가 "생산 현장이야말로 동원된 노동계급의 경제적 힘이 정치투쟁으로 전환될 수 있는 장소"라는 사실을 인식하지 못했다는 도니의 주장은 과연 타당한가? 그 책의 제목만 보더라도 대답은 아니오다. 파업은 그 정의상 자본주의에서 생산

이 집단적으로 조직되는 데서 비롯하는 경제적 힘을 노동자들이 발휘하는 것이다. 룩셈부르크에게 대중 파업의 핵심은 자본주의가 정상적으로 작동할 때 일반적으로 나타나는 경제와 정치의 분리를 대중 파업이 허물어 버린다는 점이었다.

> 노동계급이 혁명적 투쟁을 겪으며 각성하고 있는 오늘날, 노동계급이 자신들의 힘을 모아서 스스로 지도해야 하는 오늘날, 혁명이 자본주의적 착취뿐 아니라 기존 국가권력도 표적으로 겨냥하고 있는 오늘날, 대중 파업은 기존 국가권력을 잠식·전복하고 자본주의의 착취를 끝장내는 수단임과 동시에 프롤레타리아를 최대한 광범하게 투쟁에 끌어들이는 자연스런 수단으로 등장한다.[3]

그런데 도니는 대중 파업에 대한 룩셈부르크의 설명을, 특히 경제투쟁과 정치투쟁의 상호작용에 대한 설명을 '추상적'이라고 여긴다. 이것은 두 가지 이유로 잘못된 듯하다. 첫째, 룩셈부르크는 선구적 분석을 통해, 모든 대중 파업에서 나타나는 특징을 밝혀냈다. 즉, 경제투쟁의 승리는 정치투쟁을 고무하며 투쟁에 활력을 불어넣고, 다시 정치투쟁은 노동자들을 경제투쟁 전선에서 싸우도록 고무한다는 점을 밝혀낸 것이다. 1905년에 룩셈부르크가 처음으로 밝혀낸 이런 패턴은, 그 후 1917년 러시아 혁명에서 1975년 포르투갈 혁명에 이르기까지 거듭거듭 되풀이됐다(그 역또한 사실이다. 예컨대, 1981년 폴란드 혁명처럼, 경제적 패배는 노동자들의 정치적 자신감을 떨어뜨린다). 대중 파업에 대한 룩셈부르크의 설명에서 '추상적'인 것은 하나도 없다. 오히려 그것은 "특정 시기에 사회적 조건들로 말미암아 역사적 필연성을 띠고 나타나는 역사 현상"에 대한 심오한 통찰이었다.[4]

둘째, 《대중 파업》은 정치적 맥락이나 조직적 임무와 동떨어진 단순한 이론적 연구서가 아니다. 그 책의 결론 부분을 보면, 그 책이 독일 사회민주당 내부 논쟁에 개입하려고 쓴 것이라는 사실이 명확히 드러난다. 그 결론 부분에서 룩셈부르크는 독일 노동자 운동의 '변증법적 발전'을 분석한다.[5] 룩셈부르크는 몇 가지 경향을 강조하는데, 무엇보다 노동조합 관료주의가 정치와 경제의 날카로운 분리를 조장하고 전반적으로 조직을 타성에 빠지게 한다는 점을 강조했다. 노동조합 관료주의의 이 두 경향은 프롤레타리아가 혁명적 구실을 할 수 있는 능력을 약화시킨다.

도니는, 룩셈부르크 자신은 정작 그녀가 밝혀낸 문제들의 해결책을 찾을 수 없었다고 주장한다.

거의 그녀 혼자만이 카우츠키의 말로만 급진적인 태도를 꿰뚫어 봤으며 사회민주당의 약점을 지적했다는 사실에도 불구하고, 그녀에게는 자신이 정말로 원하는 당을 건설할 **실천적** 수단이 전혀 없었다. 즉, 종파도 아니고 개혁주의 정당도 아닌 당을 건설할 수단 말이다. 그래서 사회민주당 지도부에 대한 룩셈부르크의 반대는 결코 구체적 반대가 되지 못하고 추상적 반대로 남아 있었다.

그러나 사실, 룩셈부르크는 분명히 **대중 파업 자체**를 독일 사회민주당의 결함을 극복할 수 있는 수단으로 여겼다. 그래서 대중 파업을 통해 노동자 의식의 불균등성을 극복할 수 있으며, 특히 노동조합과 사회주의 정당으로 조직된 소수 노동자들과 조직되지 않은 다수 노동자들 사이의 장벽을 허물어뜨릴 수 있다고 주장했다.

계급의 조직된 중핵인 사회민주당이 노동계급 전체의 가장 중요한 전위라고 하더라도, 그리고 노동운동의 정치적 명확성과 힘과 단결이 이 조직에서 비롯한다고 하더라도, 프롤레타리아의 계급 운동을 조직된 소수의 운동으로 볼 수는 없다. …
혁명적 시기, 즉 거대한 계급투쟁이 폭풍처럼 몰아치는 격변기에는 급속한 자본주의 발전과 사회민주당 영향력의 교육적 효과가 가장 광범한 대중에게 그대로 나타난다. 평화적 시기에는 조직 노동자 통계표나 심지어 선거 통계에서도 거의 드러나지 않던 사람들에게 말이다. …
혁명적 시기의 여섯 달은 10년간의 공개 시위와 유인물 배포로도 하지 못할 일, 즉 미조직 대중을 훈련하는 일을 완수할 것이다. 독일의 상황이 그런 시기를 향한 결정적 단계에 도달한다면, 아직 조직되지 않아서 후진적인 부분들도 자신들이 질질 끌려다니기만 하는 사람들이 아니라 가장 급진적이고 가장 맹렬한 사람들임을 투쟁으로 입증해 보일 것이다.[6]

룩셈부르크는, 대중 파업에서 정치투쟁과 경제투쟁, 또는 계급의 '선진' 부분과 '후진' 부분의 상호작용이 일어나면 노동운동의 경직된 관료 구조(그 자체가 자본주의의 오랜 '평화적' 성장기의 산물이다)가 철저히 분쇄될 거라고 생각했다.

사실 경제투쟁과 정치투쟁의 분리와 독립은, 비록 역사적으로 결정된 것이라고 하더라도 의회주의 시기의 인위적 산물일 뿐이다. 부르주아 사회가 평화적으로 작동하는 '정상적' 시기에는, 한편으로 경제투쟁은 모든 작업장의 수많은 개별 투쟁으로 쪼개지고 모든 생산 부문으로 분해된다. 다른 한편으로 정치투쟁은 대중 자신이 직접행동을 통해 이끌지 않고, 의회 대표단이 부르주아 국가의 형식에 따라 대의제 방식으로 이끈다. 혁명적 투쟁의 시기가 시작되자마자, 즉 대중이 투쟁의 무대에 등장하자마자 의회주의 형식의 간접적 정치투쟁은 중단되고 경제투쟁도 더는 수많은 조각들로 쪼개지지 않게 된다. 즉, 혁명적 대중행동 속에서 정치투쟁과 경제투쟁은 하나가 되며, 노동운동을 노동조합과 사회민주당이라는 완전히 독립된 두 형태로 분리하던 인위적 경계도 간단히 사라진다.[7]

(이 구절은 흥미로운 구절이다. 왜냐하면 룩셈부르크가 비록 1905년에 노동자 권력의 정치적 형태로서 소비에트의 중요성을 이해하지는 못했지만, "의회주의 형식의 간접적 정치투쟁"과 "대중 자신이 직접행동을 통해 이끄는 정치투쟁"의 차이를 잘 알고 있었다는 점을 보여 주기 때문이다.)

룩셈부르크를 적대시한 스탈린주의자들과 룩셈부르크의 '친구'를 자처한 부르주아 자유주의자들의 주장과 달리 그녀가 혁명적 정치조직의 구실을 완전히 부정했다고 할 수는 없다. 오히려 대중 파업은 국가권력 장악이라는 문제를 제기하므로 "혁명이 한창일 때 사회민주주의자들은 **정치적 지도를 떠맡도록 요구받는다**"고 룩셈부르크는 주장했다.[8] 실제로 도니는 《대중 파업》의 한 구절을 인용하면서, 그 구절은 룩셈부르크가 당을 "적극적 개입 세력"으로 생각했다는 점을 보여 준다고 주장한다. 그러나 구절 전부를 인용해 보면, 그녀의 말이 다른 의미를 지니고 있다는 것을 알 수 있다.

> 사회민주당의 임무는 대중 파업을 기술적으로 준비하고 지휘하는 것이 아니라 무엇보다 운동 전체를 **정치적으로 지도**하는 것이다.
> 사회민주주의자들은 가장 계급의식적이고 가장 각성한 프롤레타리아의 전위다. 사회민주주의자들은 숙명론적 태도로 팔짱을 낀 채 '혁명적 상황'이 도래하기를, 즉 모든 자발적 대중운동에서 혁명적

상황이 느닷없이 나타나기만을 기다릴 수도 없고 기다리려 해서도 안 된다. 오히려 사회민주주의자들은 언제나 그랬듯이 지금 사태 발전을 촉진해서 결과를 앞당기도록 노력해야 한다. 그렇다고 해서 아무 때나 뜬금없이 대중 파업 '슬로건'을 남발해서는 안 된다. 무엇보다 먼저, 가장 광범한 프롤레타리아에게 이 혁명적 시기가 **필연적으로 도래할 것임을** 이해시키고 혁명적 시기를 만들어 내는 내부의 **사회적 요인들과 그 정치적 결과를** 분명히 설명해야 한다.[9]

존 몰리뉴가 말했듯이 "이것은 당의 임무에 대한 선전주의적 개념"이다. "룩셈부르크는 프롤레타리아에 대한 당의 영향력이 당의 조직력이나 당 자체의 선제 행동을 통해서가 아니라 주로 당의 사상·선전·슬로건을 통해 행사돼야 한다고 봤다."[10] 그녀가 조직을 경시한 것은 도니의 주장과 달리 혼동이나 지나친 추상성 때문이 아니다. 그것은 룩셈부르크가 가진 당 개념의 논리적 귀결이다. 그녀는 혁명 조직의 구실이 "가장 광범한 프롤레타리아"에게 자신들이 참여하는 투쟁의 성격을 "이해시키는 것"이지, 그 투쟁을 적극적으로 조직하고 특정한 방향으로 이끄는 것이 아니라고 주장했다. 룩셈부르크의 주장대로 당이 선전 활동만 한다면, 조직의 중요성은 부차적이 된다. 왜냐하면 조직이란 혁명가들이 계급투쟁에 개입해서 운동이 올바른 길로 나아가도록 선동적 요구들을 제출할 수 있게 하는 것이 목적이기 때문이다.

룩셈부르크의 선전주의는, 도니가 주장하듯 "그녀는 종파가 아닌 진정한 혁명정당을 구축할 수 있는 메커니즘이나 **실천**이 전혀 존재하지 않는다고 생각했다"는 사실에서 비롯하는 것이 아니다. 그것은 그녀 사상의 심연에 흐르고 있는 과도한 비관주의와 과도한 낙관주의가 결합된 결과다. 한편으로 룩셈부르크는 관료적 보수주의 경향(자신이 사회민주당 내에서 그토록 정확하게 진단한)이 모든 프롤레타리아 조직의 고유한 특징이라고 생각했다. 그래서 중앙집권적 직업혁명가 조직이라는 레닌의 당 개념에 반대한 것이다. 룩셈부르크는 그러한 당은 좋든 싫든 노동계급 운동 내에서 자연스럽게 나타나는 관료주의 경향을 강화할 것이라고 주장했다.

> 무의식이 의식에 선행한다. 역사 과정의 논리가 그 역사 과정에 참여하는 인간의 주관적 논리에 앞선다. 그러므로 사회민주당의 지도부가 하는 구실은 본질적으로 보수적 성격을 띤다.[11]

사회적 평온의 시기에 노동자 조직을 관료적 보수주의에 빠뜨리는 "역사 과정의 논리"가 혁명적 시기에는 이런 결점을 역동적으로 극복하게 만드는 대중 파업을 낳는다. 일단 계급이 행동에 나서면 지도부와 평조직원, 경제와 정치, 선진 부위와 후진 부위 사이의 분리가 허물어진다는 것이다. 1913년에 룩셈부르크는 "분

출하는 대중은 머뭇거리는 지도자들을 제치고 앞으로 나아갈 것"이라고 썼다.[12]

계급투쟁 수준이 낮을 때는 조직이 타성에 빠질 수밖에 없고 대중 파업이 발전하면 그 타성이 사라진다는 "역사 과정의 논리"를 강조하는 이러한 견해의 특징은, 크리스 하먼이 지적했듯이 "역사적 숙명론"이다.

> 개인들은 노동계급 속에서 자신의 사상을 실현하려고 투쟁할 수 있고, 그런 개인들의 사상은 노동자들에게 그들 자신의 해방을 위해 싸우는 데 필요한 의식과 자신감을 준다는 점에서 중요할 수 있다. 그러나 혁명가들이 현재의 이데올로기를 암묵적으로 받아들이는 사람들의 조직과 같은 수준의 조직, 따라서 실천적으로 효율성과 응집력이 부족한 조직을 건설할 수는 없다. 그랬다가는 필연적으로 대중의 자주적 활동을 제한할 것이기 때문이다(즉, "의식적인 것"에 선행하는 "무의식적인 것"을 제한하게 될 것이다). 따라서 대중의 '자발적' 발전을 기다리는 수밖에 없다. 그때까지는 현재 존재하는 조직을 최선의 조직으로, 즉 현재까지는 대중의 자발적 발전이 최대한 표현된 조직으로 인정하고(비록 그 조직과 정치적 견해가 다르더라도) 감수해야 한다[는 숙명론]에 빠질 수 있다.[13]

레닌의 출발점은 룩셈부르크와 정반대였다. 즉, 레닌은 가장 높은 수준의 계급투쟁조차 프롤레타리아의 정치적·사상적·조직적 결함을 자동으로 제거하지 않는다는 점을 이해했다. 오해하기 쉽고 모호한 몇몇 정식들에도 불구하고, 《무엇을 할 것인가?》를 그토록 중요한 저작으로 만든 것도 바로 이 점이었다.

흔히들 노동계급은 **자발적으로** 사회주의 쪽으로 끌린다고 말한다. 이 말은 사회주의 이론이 노동계급의 빈곤 원인을 다른 어떤 이론보다 더 심오하고 정확하게 밝혀낸다는 의미에서 완전히 진실이다. 그리고 그런 점 때문에 노동자들이 아주 쉽게 사회주의에 동화되는 것이다. 그러나 사회주의 이론이 자발성에 굴종하지 않을 때만, 자발성을 사회주의 이론에 종속시킬 때만 그렇다. … 노동계급은 자발적으로 사회주의 쪽으로 끌린다. 그렇지만 아주 널리 퍼져 있는(그리고 끊임없이 다양한 모습으로 재생되는) 부르주아 이데올로기가 아주 자연스럽게, 훨씬 더 강력하게 노동계급에게 강요된다.[14]

레닌이 옳았고 룩셈부르크가 틀렸다는 사실은 1918년 독일 혁명으로 확실히 증명됐다. 독일 혁명은 제정을 타도하고 독일 전역에 소비에트들의 그물망을 만들어 낸 노동자들과 병사들의 자발적 행동이었다. 그러나 사회민주당과 독립사회민주당의 지도자들은 "분출하는 대중에 의해 옆으로 제쳐지기"는커녕 운동에 대한 통제력을 계속 유지할 수 있었고, 제국 총참모본부와 공모해서 혁명적 좌파를 분쇄할 수 있었다.

룩셈부르크 자신은, 노동조합 관료와 개혁주의적 국회의원들을 매개로 "부르주아 이데올로기가 아주 자연스럽게 노동계급에게 강요"되는 방식을 레닌보다 훨씬 더 구체적으로 꿰뚫어 봤다. 그러나 이런 혁명적 계급의식의 장애물이 심지어 이원[이중] 권력 상황에서도 온존될 수 있고 또 온존될 것이라는 점은 깨닫지 못했다. 루카치는 다음과 같이 지적한다.

> 이론적 명확성과 이에 상응하는 의식적 혁명가 집단들의 선전·선동만으로는 이런 위험을 극복하기에 충분하지 않다. 왜냐하면 이런 이해관계 충돌은 오랫동안 노동자들이 알아차리지 못하는 방식으로 표출되기 때문이다. 심지어 노동자들 자신의 사상적 대변자들조차 때때로 자신들이 계급 전체의 이익을 저버렸다는 사실을 모를 정도다. 그래서 이런 차이들은 '이론적 견해 차이', 단순한 '전술적 차이'라는 이름으로 매우 쉽게 은폐돼서 노동자들이 모를 수 있다. 그러면, 가끔 거대한 자발적 대중행동으로 분출하는 노동자들의 혁명적 본능은 그런 본능적 수준의 능동적 계급의식을 계급 전체의 영속적 소유물로 보존할 수 없다.
>
> 이 점만으로도 완전히 의식적인 노동자 집단의 조직적 독립이 반드시 필요해지는 것이다.[15]

조직을 대하는 레닌과 룩셈부르크의 서로 다른 태도는 혁명 과정 자체에 대한 상반된 관점에서 비롯한다. "정치 문제는 조직 문제와 기계적으로 분리될 수 없다"는[16] 레닌의 주장은 바로 이런 맥락에서 평가해야 한다. 독립적 혁명 조직이 없으면 계급의식은 "계급 전체의 영속적 소유물"이 될 수 없다.

토니 클리프가 분석했듯이, 이렇게 조직에 몰두하는 태도는 레닌이 동시대인이었던 룩셈부르크나 청년 트로츠키와 다른 점이었을 뿐 아니라 마르크스나 엥겔스와도 다른 점이었다.[17] 존 몰리뉴는 다음과 같이 지적한 바 있다. 로자 룩셈부르크와 마찬가지로 "당 건설에 관한 마르크스의 태도에도 강한 숙명론의 요소가 존재한다. 노동계급 운동 내부의 다양한 사상·경향 간의 투쟁은 노동자들의 계급성이 확고해지면 자연스럽게 해소될 것이라는 식으로 말이다."[18] 따라서 룩셈부르크가 자신은 당에 관한 마르크스주의의 정설을 재천명했을 뿐이라고 주장한 것은 옳았다. 그러나 도니 자신도 지적하듯이, 룩셈부르크와 달리 마르크스는 노동조합 관료주의와 대중적 개혁주의 정당들이 출현하기 전에, 즉 현대 프롤레타리아가 아직 걸음마 단계에 있을 때 정치 활동을 했다. 따라서, 마르크스 시대에는 정말로 추상적이고 미숙한 이론이라고 할 수 있었던 것이, 룩셈부르크 시대에는 완전히 잘못된 이론이 된 것이다. 그러므로 "근본적으로는 올바른 룩셈부르크의 사회변혁 이론"이라는 도니의 말은 완전히 틀렸다.

여기서 우리는 도니 자신의 출발점, 즉 도대체 왜 룩셈부르크는 혁명 조직의 으뜸가는 중요성을 이해하지 못했을까 하는 의문으로 되돌아가게 된다. 올바르게도 도니는 독일 노동자 운동과 러시아 노동자 운동의 상황이 서로 달랐다는 점을 강조한다. 존 몰리뉴는 이 점을 다음과 같이 알기 쉽게 요약했다.

독일 노동운동에 부족했던 것은 바로 자발성과 투쟁이었다. 20세기 초에 독일 노동계급의 파업 투쟁 수준은 매우 낮았다. 1900~05년의 6년 동안 연평균 1171건의 파업이 있었고 참가 인원은 12만 2606명이었다(따라서 평균 파업 참가자 수는 건당 겨우 140명이었다). 이 기록을 러시아와 비교해 보자. 러시아는 노동자 수가 훨씬 적었는데도 1903년에는 8만 7000명, 1905년에는 286만 3000명이 파업에 참가했으며(이 가운데 184만 3000명은 정치 파업에 참가했다) 1912년에는 55만 명이 정치 파업에 참가했다. 여기서 알 수 있는 것은, 독일 노동자 운동은 강대한 사회주의 정당과 엄청난 조직이 있었지만 사용자에 대항하는 초보적 계급투쟁에서조차 비교적 허약하고 수동적이었던 반면, 대중정당도 없고 노동조합 조직도 사실상 존재하지 않았던 러시아에서는 노동자들이 사용자는 물론 국가를 상대로도 대대적 전투를 벌이고 있었다는 것이다. 현재 상황에서 빠져 있다고 생각되는 핵심 요소를 극력 강조하는 것은 레닌이나 로자 룩셈부르크 같은 혁명가의 본성이다. 룩셈부르크가 보기에 빠져 있는 요소는 자발성과 아래로부터 대중행동이었다. 레닌은 자발성을 기정사실로 보고 '우리에게 혁명가의 조직을 달라, 그러면 러시아를 뒤엎어 버리겠다' 하고 쓴 반면에 룩셈부르크는 '우리에게 대중의 자발성을 달라, 그러면 혁명을 일으키겠다' 하고 말한 것이다.[19]

개인들의 이론적 견해를 그들이 처한 객관적 상황과 관련짓는 것과, 그런 상황 때문에 올바른 이론을 정식화할 수 없었다고 주장하는 것은 전혀 다른 문제다. 그러나 룩셈부르크와 관련해서 도니가 넌지시 암시하는 것은 그런 주장이다. 그래서 도니는 "룩셈부르크가 틀렸다면, 왜 아무도 그녀를 대신해서 독일 혁명운동의 선두에 서지 않았을까? 레닌과 그의 당이 1917년에 멘셰비키와 사회혁명당을 대신한 것처럼 말이다" 하고 묻는다. 룩셈부르크가 당과 관련해 오류를 범했다면, 마르토프나 그 아류들과 똑같은 부류가 아닌가 하는 문제는 조금 뒤에 다루겠다. 우선 도니의 주장에서 드러나는 역사관에 관심을 집중해 보자. 도니는, 만약 1917년 이전 독일에서 혁명 조직 건설이 가능했다면 룩셈부르크 자신은 아니라도 어떤 다른 인물이 출현해서 그런 혁명 조직을 건설했을 것이라고 말한다. 이 말에는 룩셈부르크 자신이 신봉했던 것보다 훨씬 더 숙명론적인 역사관이 담겨 있다. 그런 역사관에서는, 각각의 역사적 시대가 스스로 과제를 제기한 다음 그 과제를 완수할 개인들을 선택한다. 그래서 누군가가 자신이 해야 할 구실을 하지 못하면 다른 사람이 나서서 그를 대신한다. 이것은 마르크스의 역사관이 아니라 헤겔의 역사관이다. 헤겔의 역사관은 개인들이 역사적 필연의 맹목적 도구 노릇을 한다는 '이성의 간계奸計' 개념을 바탕으로 하고 있다.

1917년에 레닌이 한 구실에 대해 트로츠키가 쓴 것과 그런 역사관을 비교해 보라.

만약 1917년 4월 레닌이 러시아에 도착하지 않았다면, 혁명은 어떻게 됐을까? … 레닌은 혁명 과정의 조물주가 아니었다. … 그는 단지 객관적인 역사적 힘의 사슬 속으로 들어갔을 뿐이다. 그러나 레닌은 그 사슬의 커다란 고리였다. 프롤레타리아 독재는 전체 상황에서 추론될 수 있었지만, 여전히 그것은 수립돼야 하는 것이었다. 당이 없으면 프롤레타리아 독재는 수립될 수 없다. 당은 자신의 사명을 이해한 후에야 비로소 그 사명을 완수할 수 있다. 그래서 레닌이 필요했다. 그가 도착할 때까지 볼셰비키 지도자 어느 누구도 감히 혁명을 진단하지 못했다. … 볼셰비키당의 내부 투쟁은 결코 피할 수 없었다. 레닌의 도착은 그 과정을 앞당겼을 뿐이다. 그의 개인적 영향력은 위기를 단축시켰다. 그러나 레닌이 없었더라도 당은 자신의 진로를 찾아 나갔을 것이라고 장담할 수 있을까? 감히 그렇다고 말하기는 힘들 것이다. 여기서는 시간이라는 요인이 결정적이다. 그리고 역사에서는 시간을 되돌아보며 말하기는 어렵다. 변증법적 유물론은 숙명론과 아무 관계도 없다. 레닌이 없었다면 위기는 … 이례적으로 첨예해지고 질질 끌었을 것이다. 그러나 전쟁과 혁명이라는 조건은 당이 사명을 완수하도록 오랜 시간을 허용하지 않았을 것이다. 그래서 당이 오랫동안 분열한 채 방향감각을 잃고 헤매다가 결국 혁명의 기회를 놓쳤을 수도 있다. 여기서 개인의 구실은 정말로 엄청 크게 다가온다. 개인의 구실을 올바르게 이해하려면 개인을 역사의 사슬 속에 있는 하나의 고리로 이해해야 한다.[20]

트로츠키 전기에서 아이작 도이처는 '정통' 마르크스주의의 거두 플레하노프를 원용하며 트로츠키의 이런 주장에 의문을 제기한다.[21] 그러나 알래스데어 매킨타이어는 트로츠키를 옹호하며, 여기서 문제가 되는 것은 서로 다른 두 역사관이라고 지적한다. 하나는 "역사는 때때로 우리에게 진정한 양자택일을 제시하는데, 내가 어떤 선택을 하느냐에 따라 엄청난 차이가 날 수 있다"는 역사관이고, 다른 하나는 "나는 단지 필연적 역사 과정의 일부일 뿐"이라는 역사관이다.[22] 토니 클리프도 똑같은 점을 지적한다.

'레닌이 없었다면 10월 혁명도 없었을 것'이라는 말은 마르크스주의, 즉 유물론적 역사 해석을 부정하는 말처럼 들린다. 마르크스주의를 거세해서 숙명론적 스콜라주의 비평쯤으로 전락시킨 카를 카우츠키, 오토 바우어 등의 '마르크스주의' 학파도 그렇게 생각할 것이다. 그러나 마르크스주의의 정수는 인간이 역사를 만들고, 인간이 사회변혁의 능동적 주체라는 것이다.[23]

도니는 1917년 이전 독일에 혁명 조직을 건설하는 데 적합한 조건이 존재했다면 다른 누군가가 룩셈부르크를 대신해서 그 임무를 떠맡았을 것이라고 주장함으로써, 개인은 단지 역사의 매개체일 뿐이라고 본 제2인터내셔널의 숙명론을 옹호하는 셈이다.

더 구체적으로 말하면, 도니가 당 문제의 비결로 '생산 현장'을 강조한 것은 룩셈부르크에게서 그런 당을 건설할 책임을 면제해 주는 구실을 한다. 왜냐하면 앞서 살펴봤듯이, 1914년 이전 독일에서는 경제적 계급투쟁조차 그 수준이 대체로 매우 낮았기 때문이다. 당이 '작업장 정치'에 의존한다면, 그리고 '작업장 정치'라고 할 만한 것이 별로 없다면 분명히 당은 존재할 수 없을 것이다. 아니면, 당이 존재하더라도 존재하지 않는 것처럼 보일 것이다. 결함은 도니의 전제 자체에 있다. 파업이 거의 일어나지 않거나, (전후 영국에서처럼) 기껏해야 파편적이고 부문적인 파업들만 일어날 때조차 혁명적 선전 그룹을 유지하는 것은 가능하다. 룩셈부르크는 독일 사회민주당 지도부의 개혁주의를 점점 더 분명히 깨닫게 됐으므로, 1914년 전까지 비교적 사회가 평온했을 때 자신의 주위에 토론 서클들을 조직해서 새로운 정치 전통과 조직 방식을 발전시킬 수도 있었을 것이다. 또한, 그렇게 조직된 서클들은, 세계대전의 충격으로 터져 나온 노동자 투쟁에 관여할 수 있는 혁명 조직의 중핵을 배출할 수 있었을 것이다. 《무엇을 할 것인가?》가 쓰이기까지는 그에 앞서 20년 동안이나 노동자들과 학생들이 마르크스주의 토론 서클들을 결성해서 산발적으로 분출하는 계급투쟁과 관계 맺으려고 애써 왔다는 사실을 잊어서는 안 된다.[24] 룩셈부르크가 1902년 이전의 러시아 마르크스주의 수준에도 이르지 못했다는 점을 인식할 때만 그녀의 실패가 어느 정도인지를 가늠할 수 있다. 실제로 룩셈부르크는 1914년 8월 제1차세계대전이 터졌을 때 자신이 거의 완전히 고립돼 있음을 알게 됐다. 또, 1918년 12월 마침내 공산당을 독자적으로 건설했을 때는, 자신이 이끄는 조직이 공통의 전통이나 공동 활동 경험이 전혀 없을 뿐 아니라 초좌파주의와 기회주의 사이에서 동요하고 있음을 알게 됐다. 그런 동요는 룩셈부르크 자신의 의도와는 반대로 1919년 1월 스파르타쿠스단의 봉기로 이어졌고, 결국 그녀 자신도 살해당했다.[25]

그렇다면 우리는 룩셈부르크를 완전히 버려야 하는가? 도니는 룩셈부르크의 당 개념이 틀렸다고 말하려면 그녀도 함께 내다 버려야 한다고 암시하면서, 다음과 같이 말한다. "혁명가의 주된 과제, 즉 당 건설 문제에서 룩셈부르크가 완전히 틀렸다면, 사회주의노동자당 당원들이 도대체 왜 룩셈부르크에 대해 고민해야 하는지를 자문하는 것도 당연하다." 더 나아가 도니는 (이미 인용한 한 구절에서) 만약 룩셈부르크의 당 개념이 틀렸다면 그녀는 멘셰비키와 같은 부류로 전락하고 말 것이라고 넌지시 내비친다. 이 마지막 주장은 그 자체로 터무니없는 주장이다. 의심할 여지 없이 룩셈부르크는 혁명 조직에 관해서는 틀렸다. 그러나 다른 많은 문제들에서는 옳았다. 개혁과 혁명, 제국주의의 성격, 대중 파업의 동역학, 그 밖의 수많은 문제에서 그녀의 탁월한 명확성을 감히 흉내라도 낸 멘셰비키가 과연 있었던가? 1918년 11월부터 1919년 1월까지 그녀의 생애 마지막 두 달 동안 혁명이라는 시험을 치르며 쓴 글들을 읽어 보면, 룩셈부르크가 정말 위대한 혁명가였다는 사실을 결코 의심할 수 없다. 크리스 하먼이 1918~23년의 독일 혁명을 다룬 책 《패배한 혁명》에서 지적하듯, 독일 제정이 몰락한 직후 룩셈부르크는 혁명가의 주요 임무를 날카롭게 규정한 바 있다. 즉, 혁명가의 임무는 여전히 개혁주의 지도부를 따르는 프롤레타리아를 대신해서 행동하는 것이 아니라, 노동자들의 다수를 권력 장악이라는 목표 쪽으로 이끄는 것이다. 어떻게 이 목표를 달성할 것인가 하는 문제에 대해서도 룩셈부르크는 마찬가지로 명확했다. 즉, 자본과 노동 사이의 일상적 경제투쟁에 일관되게 개입해야 한다는 것이다. 따라서 그녀는

1905~06년과 마찬가지로 작업장에서 사회주의 정치 활동이 중요하다는 점에 대해서 전혀 혼란스럽지 않았다. 애석한 일은 이런 전망을 실천에 옮길 수 있는 훈련된 조직이 그녀에게 없었다는 것이다.

룩셈부르크가 매우 위대하고 용기있는 혁명가였다는 바로 그 이유 때문에 당에 관한 그녀의 결정적 실책이 그토록 비극적이었던 것이다. 내가 굳이 '비극'이라는 말을 사용한 이유는 아이스킬로스와 에우리피데스의 위대한 작품에 등장하는 영웅들은 타고난 결함으로 말미암아 비극의 주인공이 되기 때문이다. 멘셰비키와 룩셈부르크를 비교하는 것은 모욕이 아니라면 농담일 것이다. 어느 누가 과연 마르토프나 단을 비극의 주인공이라고 생각하겠는가?

《브뤼메르 18일》서두에서 마르크스는, 프롤레타리아 혁명의 한 가지 특징은 프롤레타리아가 끊임없는 자기비판을 통해 과거의 오류들을 바로잡으려 한다는 점이라고 썼다. 이것은 혁명적 사회주의자들이 항상 가슴 깊이 새겨야 하는 교훈이다. 그러나 오류를 비판하려면 먼저 그 오류가 무엇인지를 알아내야 한다.

도니는 룩셈부르크가 조직을 건설하지 못한 것을 불가피한 역사적 필연 때문이었다고 설명함으로써, 결과적으로 1914년 이전에 서구 혁명가들이 범한 가장 심각한 오류를 변명해 주는 셈이다. 그의 변명이 무시하는 것은(마르크스가 프롤레타리아의 자기 비판을 강조한 까닭이기도 한데) 프롤레타리아 혁명에서는 정치적 지도가 극히 중요하다는 점이다. 그런데 그런 지도는, 결정적으로 정치 전통과 그 전통을 키워 나갈 수 있는 조직을 발전시키는 데 달렸다. 그렇지만 개인들이 결정적 차이를 낳을 수 있다. 레닌은 러시아에서, 룩셈부르크는 독일에서 각각 자기 나라 혁명의 결과를 결정하는 데 한몫했던 것이다. 이렇게 말한다고 해서, 도니가 터무니없이 주장하듯이 룩셈부르크 "개인에게 1919년 이후 세계 역사에 대한 책임"을 지우는 것은 아니다. 다만 룩셈부르크 개인의 중요성을 인정하고 우리가 우리 자신을 판단할 때와 똑같은 기준으로 그녀를 판단하자는 것이다. 혁명 전통에는 성인전이 끼어들 여지가 없기 때문이다.

당과 소비에트

도니가 소비에트를 혁명정당 문제의 해결책으로 강조하는 것이 한 가지 점에서는 전혀 해롭지 않다. 크리스 하먼은 1968년에 쓴 "당과 계급"에서 이 점을 아주 훌륭하게 설명했다. 하먼은 한편으로 사회민주주의·스탈린주의 당 개념과 다른 한편으로 레닌과 그람시의 당 개념을 명확히 구분한다. 전자의 당 개념에서 당은 "계급을 **대표한다**. 당 밖에 있는 노동자에게는 계급의식이 없다."²⁶ 이렇게 당과 계급을 동일시하게 되면 "조직의 정치를 고수하는 것이 아니라 조직을 고수하는 것이 중요해진다."²⁷ 룩셈부르크가 주장했듯이, 그런 당은 정말이지 처음부터 관료주의 경향을 드러낸다. 반면에 "레닌주의 당에서 이런 관료적 통제 경향이 나타나지 않는 이유는, **정치적·이론적** 문제들을 자신의 출발점으로 삼고 자신의 활동을 모두 여기에 종속시킬 만큼 진지하고 규율 있는 사람들로 당원 자격을 제한하기 때문이다."²⁸

규율 있고 민주적인 정치 활동가 집단이라는 이 혁명 조직 개념은 당과 계급을 날카롭게 구별하는 견해에서 비롯한다.

중요한 점은 레닌이 당을 노동자 국가의 맹아로 여기지 않았다는 사실이다(노동자 평의회가 그 맹아다). 노동계급 전체가 노동자 국가의 여러 기구들에 관여할 것이다. 이것은 "모든 요리사도 국정을 맡을 것"이라는 레닌의 말처럼, 계급의 가장 선진적인 사람들뿐 아니라 가장 후진적인 사람들에게도 해당된다. 국가를 다룬 레닌의 주요 저작 《국가와 혁명》에서 당에 관한 언급은 거의 찾아볼 수 없다. 당의 기능은 국가가 되는 것이 아니라, 계급의 더 후진적인 사람들 속에서 그들이 노동자 평의회를 수립하는 동시에 부르주아 국가의 조직 형태들을 전복하려고 싸우는 수준까지 그들의 자의식과 자주성을 끌어올리기 위해 끊임없이 선전하고 선동하는 것이다. 소비에트 국가는 전체 노동계급의 자주적 활동의 최고 구현체다. 당

은 계급 가운데 이런 자주적 활동의 세계사적 함의를 가장 명확하게 이해하는 부분이다.[29]

따라서 당과 소비에트는 둘 다 혁명 과정에서 필수적이고 상호 보완적인 요소다. 도니가 소비에트의 출현이 중요하다고 강조했을 때 단지 이 점을 말한 것이었다면 논쟁거리는 전혀 없었을 것이다. 그러나 도니는 어떤 대목에서는 이보다 훨씬 더 나간 듯하다. 예컨대, 다음 인용문을 보라.

작업장 정치의 최고 형태인 소비에트는 룩셈부르크가 이론적으로만 해결할 수 있었던 모든 문제의 구체적 해결책이었다. 룩셈부르크는 말로 의회주의를 비판한 반면, 소비에트는 적에게 도전해 결국 그 적을 타도하는 대안적 권위를 자체적으로 세웠다. 룩셈부르크는 개혁주의적 노동자들을 간단히 무시할 수 있다고 예상한 반면, 독립적 현장 조합원 조직인 소비에트는 대중적 지도력을 제공해서 관료들의 억제력을 극복할 수 있었다. 룩셈부르크는 말로 정치와 경제의 형식적 분리를 비판한 반면, 대중 파업위원회인 소비에트는 노동자들의 부문적 경제투쟁을 계급 전체의 관심사로 끌어올렸다.
그러나 소비에트 국가는 다만 혁명 과정의 종착점일 뿐이다. 권력 장악이 문제가 되기 오래전부터, 누가 독립적 현장 조합원 조직 건설을 제안할 것인가, 누가 개혁주의 관료들을 강력하게 비판하고 누가 의회주의 방식에 반대해서 노동자들의 자주적 활동을 옹호할 것인가 하는 문제들이 제기된다. 이런 식으로 소비에트는 당의 필요성을 제기한다. 마치 소비에트 같은 대중적 현장 조합원 조직이 없으면 당이 궁극적으로 성공할 수 없는 것처럼 말이다.

이 구절은 혼란의 온상이다. 특히, 이 구절은 소비에트와 현장 조합원 조직의 차이를 무시하고 있으며, 어떤 의미에서는 이 두 형태의 조직이 모두 혁명적 사회주의자들의 활동에 달려 있다는 잘못된 암시를 하고 있다.

도니처럼 소비에트를 "독립적 현장 조합원 조직"이라고 부르는 것은 왜 틀렸는가? 이 물음에 답하려면 영국에서 가장 전형적인 현장 조합원 조직, 즉 1930~40년대에 현대적 형태로 출현해 1950~60년대에 번성한 다음 지난 10년간 위기에 빠진 직장위원회 조직을 살펴보기만 하면 된다.[30] 이 조직은 선진 자본주의 나라 노동조합운동의 산물이었다. 이 조직은 선진국 노동자 운동 내의 보수적 사회계층, 즉 노동조합 관료 집단의 존재를 전제로 하는 것이었고, 관료 집단과 현장 조합원 사이의 충돌 결과로 생겨난 것이었다. 직장위원회 조직은 영국 노동운동의 개혁주의 전통과 단절했음을 뜻하는 것이 결코 아니었다. 직장위원회 조직의 강점은 그것의 부문주의에서 나왔다. 즉, 개별 작업장이나 공장의 노동자들이 자본주의 호황이라는 조건 덕분에 얻게 된 교섭 능력에서 나왔던 것이다. 이 조직이 벌인 투쟁은, 자본주의 전복이 아니라 자본주의 내에서 노동자 처지 개선을 목표로 하는 노동조합적 요구들(임금 인상이나 노동조건 개선)을 중심으로 한 것이었다. 직장위원회 조직이 존재하는 이유는 노동조합 관료들이 노동자들과 동떨어져 있거나 너무 보수적이어서 이런 투쟁조차 할 수 없기 때문이다.

그렇다고 해서 현장 조합원 조직과 관료 기구가 피장파장이라는 말은 아니다. 현장 조합원 조직이 중요한 이유는 작업장에서 노동자들을 조직하기 때문이다.

직장위원회의 개혁주의는 노동당의 전통인 '위로부터 개혁주의'와 사뭇 달랐다. 노동당은 노동자들에게 변화를 이루려면 노동당 국회의원들과 노조 지도자들에게 의지하라고 말했다. 노동당의 선거 패배와 당원 급감, 노동조합 관료의 계급협조주의를 상쇄한 것은 완전고용 상황에서 작업장 조직을 통해 생활수준 개선을 쟁취한 노동자들의 힘이었다. 이 '아래로부터 개혁주의'do-it-yourself reformism는 "혁명적 노동계급 운동의 부활 가능성을 열었다. 왜냐하면, 노동자들이 스스로 투쟁하는 곳마다, 자신들의 직장위원회를 방어하기 위해 투쟁하는 곳마다, 자신들의 노동조건을 통제할 권리를 쟁취하려고 싸우고 있는 곳마다, 자신들의 지도자들에게 일을 맡겨 두지 않고 스스로 직접 처리하려고 나서는 곳마다, 그들의 자신감은 커지고 있고 스스로 일을 처리하고 주도하는 능력도 커지고 있기 때문이다."[31]

그렇지만 다음과 같은 사실은 여전히 남는다. 즉, 현장 조합원 조직이 비록 작업장에 토대를 두긴 하지만, 영국 같은 나라에서처럼 보통 그 조직은 노동운동의 부문주의·개혁주의 전통과 단절하기보다는 오히려 그 전통에 따라 움직인다는 것이다. 반면, 소비에트의 고유한 특징은, 소비에트 역시 작업장 대표들로 구성되지만 부문주의·개혁주의 전통과 완전히 단절한다는 데 있다. 소비에트는 단지 특정 부문의 조직 노동자들만이 아니라 계급 전체를 단결시키고 정치와 경제 사이의 장벽을 허물어뜨리기 때문이다.

트로츠키는 이 점을 아주 분명하게 지적한 바 있다. 중국 혁명을 다룬 저작에서 트로츠키는 다음과 같이 썼다.

소비에트는 아주 흔히 그리고 주로 파업 투쟁(혁명으로 발전할 가능성이 있으면서도 어떤 시점에는 단지 경제적 요구들로 한정된)과 관련돼서 등장한다. … 소비에트는 혁명이 고조되는 첫 단계에서 막 자각한 대중이 접근하기 쉬운 폭넓고 유연한 조직 형태다. 또한, 특정 단계에서는 권력 장악의 과제를 이미 이해할 만큼 성숙한 노

동자들이 얼마나 많은지와 무관하게, 노동계급 전체를 단결시킬 수 있는 조직 형태다.[32]

몇 년 후에는 스페인 혁명을 다룬 저작에서 다음과 같이 썼다.

노동자 대중의 혁명운동이 발전해서(아직 무장봉기에는 한참 못 미치더라도) 서로 다른 업종들과 직종들을 동시에 포괄하는 경제·정치 투쟁을 지도할 수 있는 권위를 가진 폭넓은 조직이 필요할 때 소비에트가 만들어진다.[33]

따라서 현장 조합원 조직과 소비에트 사이에는 근본적 차이가 있다. 현장 조합원 조직은 자본주의 내에서 생활 조건 개선을 위해 투쟁하는 특정 부문의 노동자들을 조직하는 반면, 소비에트는 프롤레타리아의 국가권력 장악 문제가 제기될 때 계급 전체를 단결시킨다. 그렇다고 해서 둘 사이에는 넘을 수 없는 만리장성이 가로놓여 있다는 말은 아니다. 자본주의 위기라는 조건에서는, 현장 조합원의 전투적 노동조합주의조차 그 물질적 기반이 약해진다. 사용자들이 더는 경제적 양보(호황기에는 작업장 조직이 사용자들한테서 쟁취해 낼 수 있었던)를 할 여유가 없다. 이런 상황에서는 부문적 현장 조합원 조직이 기존의 투쟁 패턴을 탈피해 계급 전체의 운동으로 일반화할 수 있다. 바로 이때 현장 조합원 운동이 발전해서, 노동조합 관료 기구와 독립적으로 경제투쟁과 정치투쟁을 모두 벌일 수 있도록 기존의 현장 조합원 조직들을 단결시키려 하게 된다. 영국에서 이 운동의 고전적 사례는, 제1차세계대전 중의 직장위원회·노동자위원회 운동과 1920년대의 전국소수파운동이었다.[34] 그람시가 1918~20년의 '붉은 2년' 시기에 인식했듯이, 그런 조건에서는 부문의 작업장 조직이 노동자 권력 기관으로 전환될 수 있다.

그러나 현장 조합원 조직은 결코 소비에트의 필요조건이 아니다. 나는, 도니가 둘을 구분하지 못한 이유는 이 점을 인식하지 못했기 때문이라고 생각한다. 그래서 도니가 《인터내셔널 소셜리즘》에 쓴 예전 글에는 다음과 같은 도식이 있다.[35]

공장 → 직장위원회 조직
산업 → 현장 조합원 운동
지역 단위 → 노동자 평의회
무장 권력 → 소비에트 국가

위 도식은, 소비에트의 발전이 어떤 예정된 단계들을 기계적으로 거치는 진화 형태를 취한다고 암시한다. 이런 견해를 거부해야 할 이유가 적어도 두 가지 있다. 첫째는 다음과 같다.

노동조합 관료 기구와 독립적으로 그리고 그 기구와 충돌하면서 활동하는 작업장 대표들의 기구, 즉 현장 조합원 조직은 합법적·관료적 노동운동이 존재하는 선진 자본주의 나라들의 부르주아 민주주의 체제에서만 등장하는 듯하다. … 볼셰비키에게 현장 조합원 전략이 없었던 이유는 볼셰비키가 관계 맺을 만한 현장 조합원 조직 자체가 없었기 때문이다.[36]

소비에트의 발전에 대한 도니의 도식적 견해를 거부해야 하는 훨씬 더 근본적인 둘째 이유가 있다. 앞서 봤듯이, 룩셈부르크는 "대중 파업, 그리고 정치적 대중투쟁은 … 조직 노동자들만으로 … 벌일 수 없고, … 가장 광범한 미조직 노동자들의 정서와 조건에 맞게 그들을 설득해서 투쟁에 끌어들일 수" 있어야 한다는 사실을 대단히 강조했다.[37] 그녀는 심지어 다음과 같이 예상하기도 했다. "만약 독일에서 대중 파업이 일어난다면, 가장 커다란 투쟁 능력을 드러낼 노동자들은 가장 잘 조직된 노동자들이 아니라 … 조직력이 가장 약한 노동자들이거나 전혀 조직되지 않은 노동자들일 것이다."[38]

여기서 룩셈부르크는 선진 노동자들과 후진 노동자들의 변증법이라고 부를 만한 것을 보여 준다(너무 한 측면에 치우치기는 했지만 말이다). 혁명 직전 고양기의 특징은 흔히 운동을 시작하는 부문이 가장 잘 조직된 노동자들이 아니라는 점이다. 가장 잘 조직된 노동자들은, 사회적 평온기에 건설된 자신들의 작업장 조직을 지탱하던 바로 그 전통 때문에 머뭇거리기 십상이다. 따라서, 대중 파업을 시작하는 노동자들은 흔히 '선진' 노동자들의 보수적 전통이 없는 '후진적' 미조직 노동자들이다. 1917년 2월 러시아 혁명이 바로 그런 사례였다. 당시 거리로 처음 뛰쳐나온 것은 페트로그라드의 여성 섬유 노동자들이었다. 그래서 전통적으로 러시아 프롤레타리아의 전위였던 금속 노동자들과 오랫동안 금속 노동자들을 조직해 온 볼셰비키는 놀랄 수밖에 없었다. 또, 1918년 11월 독일 혁명을 시작한 것도 전통적으로 '선진적'인 금속 노동자들 속에서 반전운동을 이끌었던 혁명적 오블로이테(직장위원회)가 아니라 병사들과 수병들이었다.

그렇다고 해서 '다른 노동계급', 즉 미조직 노동자들이야말로 진실로 혁명적인 세력이고 조직 노동자들은 선천적으로 반동적인 '노동귀족'이라는 말은 아니다(룩셈부르크의 마지막 인용구는 그렇게 주장하는 듯하고 당시의 일부 독일 좌파들은 실제로 그렇게 주장했다). 반대로, 제1차세계대전 말에 유럽 전역에서 혁명운동의 중추를 형성한 것은, 그때까지 자신들이 누리던 특권적 지위를 지배계급이 공격하자 이에 저항하면서 급진화한 숙련 금속 노동자들이었다.[39] 그렇지만 프롤레타리아 내부의 불균등한 의식 때문에, 흔히 전통이 거의 없던 노동자들이 가장 빨리 혁명적 행동에 나설 수 있다. 투쟁이 발전하면서 조직과 정치적 지도의 문제가 점점 더 중요하게 부각되면, 가장 강한 투쟁 전통을 가진 노동자들이 다시 선두에 서기 십상이다. 토니 클리프가 보여 주듯이, 1917년 혁명 당시 러시아의 여성 섬유 노동자들은 2월 직후 다시 뒤처졌다.[40] 또한, 초기 독일 공산당은 정치적 전투성의 전통이 가장 강력한 노동자 집단을 대표했던 오블로이테를 설득하지 못하는 바람에 무기력해졌다.[41]

이것은 다음과 같은 사실을 달리 말한 것이다. 즉, 소비에트를 탄생시킬 만큼 거대한 대중투쟁에서는, 계급의 어느 한 부문이 항상 지도적 구실을 하기보다는 선진과 후진 사이의 **변증법적 상호작용**이 일어난다는 것이다. 특히 도니의 주장에서 나타나는 문제, 즉 직장위원회가 점차 확대돼서 소비에트로 진화한다고 보는 견해의 문제는, 가장 잘 조직된 노동자들, 가장 강력한 작업장 조직을 가진 노동자들을 혁명 투쟁의 전위로 여기고, 그래서 이 '전위'가 이른바 '후진적' 노동자층의 자발적 분출에 추월당해 뒤처질 수도 있다는 점을 무시한다는 것이다. 그런 오류가 빚게 될지도 모르는 해로운 정치적 결과는 나중에 다시 살펴보겠다.

우선은 도니가 말한 "소비에트는 당의 필요성을 제기한다"는 주장의 함의를 살펴보자. 추상적으로 보면 이 주장은 완전히 진실이다. 혁명정당이 없으면 가장 강력한 대중운동조차(심지어 소비에트로 조직된 운동이라 하더라도) 실패할 것이다. 그렇지만 도니는 소비에트가 "당의 필요성을 제기"할 뿐 아니라 이 필요성을 낳는 문제들의 해결책도 제공한다고 주장하는 듯하다. 어쨌거나 다음과 같은 말은 그렇게 해석할 수 있다. "독립적 현장 조합원 조직인 소비에트는 대중적 지도력을 제공해서 관료들의 억제력을 극복할 수 있었다." 이 말의 함의는 현장 조합원 조직과 소비에트가 반드시 혁명적 지도를 수반한다는 것이다(도니는 이 둘을 동일시하고 있다는 점을 상기하라).

이것이 틀렸음을 보여 주기는 아주 쉽다. 우선, 현장 조합원 조직, 즉 부문별 작업장 조직은 작업장에서 자본과 노동 사이에 벌어지는 일상적 전투에서 그리고 노동조합 관료와 현장 조합원 사이의 충돌에서 등장한다. 현장 조합원 조직은 결코 혁명적 사회주의자들이 고안해 낸 전략의 산물이 아니다. 물론 레닌과 그람시가 강조했듯이, '순수한' 자발성 같은 것은 없다. 모든 형태의 노동계급 조직은 정치와 지도를 수반한다. 현장 조합원 조직의 정치와 지도는 보통 개혁주의적이다. 그래서 1930년대부터 1950년대까지 영국에서는 공산당 투사들이 직장위원회 조직을 건설하는 데서 지도적 구실을 했다. 현장 조합원 조직이 대체로 개혁주의 정치에 감염된다는 사실은 그것이 출현한 시기, 즉 '아래로부터 개혁주의'가 사용자들한테서 경제적 양보를 따낼 수 있는 자본주의 호황기의 성격을 반영한다.

현장 조합원 운동은 완전히 다른 문제다. 경제와 정치 사이의 간극이 좁아질 때, 즉 지배계급의 공격 때문에 부문별 작업장 조직이 일반화할 수밖에 없을 때, 현장 조합원 운동은 하나의 가능성이 된다. 현장 조합원 운동을 혁명가들이 지도하는 경향이 나타나는 것은 바로 이 때문이다. 실제로 제1차세계대전 중의 직장위원회 운동이 그랬고 1920년대의 소수파운동도 그랬다. 그러나 그때조차 혁명적 사회주의 사상이 그 운동을 정치적으로 지배했다고 말할 수는 없다. 그래서 직장위원회·노동자위원회 운동은 직종의 특권 방어에서 완전히 벗어나 진정한 전 계급적 운동으로 발전할 수 없었던 것이다.

앞서 살펴봤듯이, 소비에트는 계급 내의 부문적 차이를 극복하고 경제와 정치의 상투적 분리를 완전히 없애 버리는 경향이 있다. 그렇다고 해서 소비에트가 혁명적 지도 하에서만 등장한다고 할 수는 없다. 레닌은 소비에트 권력에 대해서 다음과 같이 말했다. "저 새로운 기구는 어느 누구의 발명품도 아니다. 그것은 프롤레타리아의 계급투쟁이 더 광범해지고 강력해지자 그 투쟁에서 성장해 나온 것이다."[42] 그 고전적 사례는 최초의 소비에트인 1905년 페테르부르크 소비에트였다. 그것은 인쇄 노동자들이 글자 조판뿐 아니라 구두점 조판 작업에 대해서도 임금을 받으려고 투쟁하면서 결성한 파업위원회로 출발한 것이었다. 1905년 러시아 혁명에서 1936년 스페인 혁명까지, 1956년 헝가리 혁명에서 1975년 포르투갈 혁명까지 아주 다양한 상황에서 거듭거듭 등장했던, 노동자 권력의 정치형태인 소비에트의 끈질긴 힘은 소비에트가 의식적 혁명 전략의 결과가 아니라 노동자 대중이 일단 행동에 나서면 그들 속에 깊숙이 자리 잡고 있던 자발적 추진력이 발산한 결과라는 사실에서 비롯한다.

그러나 도니는 이 점을 보지 못한다. 노동자 평의회에 관한 예전 글에서 도니는 다음과 같이 썼다. "십중팔구 혁명가들이 평의회 운동을 시작하겠지만, 평의회가 전위의 손을 벗어나서 대중적 기관으로 확산되자마자 개혁주의자들의 손에 넘어갈 것이다."[43] 이 말 뒤에는, 고도로 조직된 노동자들의 '전위'가 점차 확대돼 전체 프롤레타리아를 흡수해 나가는 진화 과정으로 혁명을 바라보는 관점이 깔려 있다. 그러나 앞에서 살펴봤듯이, 대중투쟁은 점진적인 양적 성장이 아니라 질적 도약을 수반하는 변증법적 과정이다. 소비에트는 흔히 '후진적' 노동자들이 정치적 무관심에서 혁명 정치로 단번에 이동하면서 '전위'를 제치고 나아가는 자발적 분출을 통해 창출된다.

소비에트가 출현할 때, 도니가 잘 지적하듯이 개혁주의 정치가 소비에트를 지배하게 되는 이유는 바로 혁명이 위와 같은 모습으로 진행되는 경향이 있기 때문이다. 새로 급진화해서 정치 활동에 참여하게 된, 아마 처음으로 계급 조직에 들어온 노동자들은 초기에는 혁명적 좌파가 아니라 개혁주의 정당 쪽으로 이끌리기 쉽다. 1917년 러시아와 1918년 독일의 '평의회 운동'은 모두 초장기에 각각 멘셰비키와 사회혁명당, 사회민주당과 독립사회민주당

같은 개혁주의자들이 이끌었다. 물론 독일과 달리 러시아에서는 볼셰비키가 1917년 2월 이전부터 존재했기 때문에 집요한 선전과 선동을 통해 소비에트 내에서 다수파가 될 수 있었다. 노동자들은 자신들의 온갖 분열과 과거 전통을 그대로 소비에트로 가지고 들어오는데, 이런 것들은 오직 작업장에 뿌리내린 혁명적 사회주의자들의 조직망을 통해서만, 다시 말해 혁명정당의 개입을 통해서만 극복될 수 있다.

따라서 "소비에트는 당의 필요성을 제기"하지만 그 필요성을 충족시킬 조건들을 자동으로 제공하지는 않는다. 그런 조건들은 혁명가들이 당의 기초를 놓으려고 오랫동안 참을성 있게 노력해야 마련될 수 있다.

한편, 소비에트는 혁명적 정치조직의 필요성을 인식하지 못한 채 활동하다가 사라질 수 있다. 예컨대, 전통적 노동조합과 노동자 권력기관의 중간쯤에 있었던 연대노조(솔리다르노시치)를 보라. [1981년] 12월 쿠데타 무렵, 일부 전투적 노동자들은 바웬사를 대신할 새로운 정치 지도부를 모색하는 데까지 나아갔지만 그렇다고 해서 그들이 '당의 필요성'을 인식했다고는 말할 수 없다.

지금까지 이야기한 내용은 사실 룩셈부르크에 반대한 레닌의 주장을 반복한 것에 지나지 않는다. 가장 위대한 노동자 투쟁조차, 소비에트를 만들어 내고 국가권력 문제를 제기하는 대중 파업조차, 노동자 의식의 불균등성을 극복하지 못하며, 혁명적 시기에 필수적인 중앙집권적 정치 지도부를 만들어 내지는 못한다. 물론 도니도 이 점을 알고 있다. 그러나 전체 계급투쟁을 소비에트 권력의 점진적 성장으로 취급하려는 경향 때문에 핵심이 흐려지고 있다.

위험한 것은, 도니 자신의 의도와 정반대로, 사람들이 혁명 과정에서 당이 없어도 된다는 결론을 끌어낼 것이라는 점이다. "작업장 대표들의 평의회에 바탕을 둔 노동자 권력이라는 목표가 분명해지기 전까지는 그 수단(혁명정당)은 발견될 수 없었다", "작업장 정치조직의 최고 형태인 … 소비에트" 같은 진술들은 그런 결론을 더욱 조장한다. 이런 진술들은 제1차세계대전 말 파네쿡, 호르터르 등의 주장에 고무된 유럽의 초좌파들이 신봉했고 오늘날 그들을 따르는 다양한 자유지상주의 종파들이 신봉하는 평의회 공산주의의 주장들과 매우 흡사하다.

우선 "소비에트"가 "작업장 정치조직의 최고 형태"라는 말은 진실이 아니다. 소비에트는 계급 전체를 단결시킨다는 바로 그 이유 때문에, 소비에트 내에서는 프롤레타리아의 온갖 다양한 의식 수준이(심지어 아주 반동적인 사상도) 나타난다. 노동자 의식의 최고 형태는 사회에 대한 과학적 인식과 계급투쟁에 개입할 수 있는 전투 조직을 서로 결합하는 혁명정당이다. 다시 말해 "작업장 정치조직의 최고 형태"는 **혁명정당이 지도하는** 소비에트다. 소비에트 속에 구현된 강력한 힘이 정치권력 장악을 위해 동원되는 것은 오직 혁명정당의 지도가 있을 때만 가능하다.

이런 사실은, 소비에트를 혁명 과정의 목표로, 그리고 당을 수단으로 보는 것이 왜 잘못됐는지를 밝혀 준다. 혁명 과정의 목표는 계급도 국가도 당도 존재하지 않을 공산주의 사회다. 이 목적을 달성할 수단은 노동계급의 자기 해방이다. 이 자기 해방에는 권력을 겨냥한 투쟁으로 계급 전체를 결집할 수 있는 정치형태인 소비에트와, 계급 내 의식의 불균등성과 싸우고 프롤레타리아의 다수에게 국가권력 장악 필요성을 설득할 수 있는 혁명정당, 이 둘이 모두 필요하다. 소비에트와 당은 모두 노동계급의 자기 해방에 똑같이 필수적인 수단이다. 따라서 우리는 당만으로 사회주의를 이룰 수 있다는 스탈린주의 견해와 자본주의를 전복하는 데 소비에트만으로 충분하다는 평의회 공산주의 신념을 모두 거부해야 한다.

도니의 일부 정식이 불러일으킨 혼란은, 그가 그토록 강조하는 극히 모호한 "작업장 정치" 개념 때문에 더욱 커진다. 예컨대, 그는 1914년 이전에 "독립적 정치조직을 건설하려고 한 사람은 정말로 많았지만, 작업장 정치 활동이라는 생각에 도달한 사람은 아무도 없었다"고 썼다. 그러나 이것은 오해의 소지가 많은 주장이다. 아일랜드의 제임스 코널리와 영국의 사회주의노동당SLP도 작업장이 혁명 정치의 주요 무대라고 봤다. 이 둘 모두 이해하지 못한 것은, 경제적 계급투쟁에 개입해서 혁명적 정치조직을 건설하는 것이 반드시 필요하다는 점이었다. 이 점을 인식하지 못한 이유는 저마다 달랐다. 코널리는 그의 활동 기간 대부분 동안 정치조직의 필요성을 느끼지 않은 생디칼리스트였기 때문이고, 사회주의노동당은 지극히 선전주의·종파주의적인 당 개념을 가지고 있었기 때문이다. 소비에트가 존재했다면 이런 정치적 결함들이 극복됐을 것이라는 주장은 전혀 설득력이 없다.

사실, 이 주장을 논박하기는 아주 쉽다. 소비에트냐 의회냐 하는 문제가 "제2인터내셔널과 … 제3인터내셔널의 분리선"이었다는 도니의 말은 옳다. 서유럽 사회주의자들은 러시아 소비에트의 실례를 보며 볼셰비즘을 받아들였다. 이것이 뜻하는 바는, 대체로 당시 서유럽의 혁명 조직들이 자신들이 이미 1917년 이전부터 발전시켜 온 기존의 정치 전략에 소비에트를 끼워 맞추려고 했다는 것이다. 그래서 이탈리아에서 그람시를 중심으로 한 《오르디네 누오보》(신질서) 그룹은 소비에트를 콤미시오니 인테르니(공장 내부위원회)의 발전으로 보는 생디칼리즘 경향으로 기울어 정치조직의 구실을 매우 작게 봤다. 반면에, 보르디가와 그 추종자들은 당을 대중이 당 깃발 아래로 모여들기만을 수동적으로 기다리는 선전주의 종파쯤으로 여겼기 때문에 소비에트를 당의 도구로 전락시켰다. 코민테른 시기 내내 유럽 혁명적 좌파의 낡은 전통을 깨부수고 그들을 10월의 교훈으로 설득하기 위해 강도 높은 정치투쟁이 벌어져야 했다. 그러나 비극이게도 최상의 서유럽 마르크스주의자들(그람시, 루카치 같은 인물들, 그리고 이들보다 비중은 훨씬 작지만 당시 영국 공산당의 지도자들)이 이런 교훈을 이해하기 시작할 무렵, 러시아 혁명은 관료 체제로 변질됐고 코민테른은 스탈린의 외교 도구로 전락해 버렸다.

"작업장 정치" 개념은 이런 문제들을 이해하기 힘들게 할 뿐이다. 온갖 종류의 서로 다른 정치사상이(혁명적 사회주의뿐 아니라 다양한 형태의 개혁주의와 초좌파주의도) 똑같이 작업장에 뿌리를 둘 수 있다. 정말이지 개혁주의야말로 전형적인 "작업장 정치 활동"의 유력한 형태다. 심지어 소비에트가 출현하더라도 이런 상황은 변하지 않는다. 개혁주의자들과 초좌파들은 노동자 평의회를 자신들의 목적에 맞게 변모시킬 수 있고, 노동자 평의회가 프롤레타리아의 권력 장악 토대로 기능하지 못하도록 막을 수 있다.

혁명적 사회주의는 독특한 형태의 "작업장 정치"를 대표한다. 즉, 자본에 맞선 노동의 일상적 투쟁에 주로 관여하지만, 그 목적은 자본가 국가 전복에 필요한 집단적 힘과 의식을 발전시키기 위함이다. 우리가 "작업장 정치"를 이야기해야 한다면, 직장이 아니라 **정치**를 강조해야 한다. 노동계급의 자기 해방은 정치권력 장악이 필수적이다. 이 과정에서 작업장은 핵심적으로 중요하다. 왜냐하면, 노동자들이 권력을 장악하는 데 필요한 조직과 정치의식을 얻을 수 있는 곳은 바로 작업장뿐이기 때문이다.

여기서 우리는 마침내 레닌의 탁월함을 알게 된다. 도니는 많은 저자들(특히 닐 하딩[44])을 좇아서, 1914년까지는 레닌도 자신을 정통 마르크스주의자라고 여겼고 그래서 독일의 카우츠키가 제시한 전략을 제정 러시아라는 특수한 상황에 적용하고 있을 뿐이라고 생각했다는 사실을 올바로 지적한다. 또, 앞서 살펴봤듯이, 러시아의 특수한 상황, 특히 정치 영역과 경제 영역이 확연히 구분되지(개혁주의적인 노동 관료가 번성할 수 있는 조건) 않는 상황 때문에 혁명정당이 노동계급 속에 뿌리내리고 발전할 수 있었다는 사실도 주목한다. 그러나 이 타당한 지적들은 도니가 소비에트를 과도하게 강조한 것 때문에 빛을 잃는다. 예를 들면 다음과 같은 언급이 그렇다.

> 이런 요인들[즉, 러시아 사회의 특수성 — 캘리니코스] 때문에, 생산 현장이 노동자 국가의 토대임을 보여 줄 소비에트가 없었어도 작업장 투쟁을 기본 노선으로 하는 당이 등장할 수 있었다.

이런 정식대로라면, 룩셈부르크와 마찬가지로 레닌과 볼셰비키도 불가피한 역사적 힘의 무의식적 대행자가 되고 만다. 이것은 볼셰비키가 러시아 혁명운동 내부의 격렬한 정치투쟁을 거쳐 마르크스주의 노동자 당으로 출현했다는 사실을 무시하는 견해다. 《무엇을 할 것인가?》를 보자. 이 저작이 "작업장 정치"를 특히 강조하고 있는가? 물론 대답은 아니오다. 러시아 마르크스주의자들은 1902년 훨씬 전부터 부분적인 경제적 요구를 중심으로 상당한 선동 역량을 발전시켰다. "작업장 정치"의 중요성은 경제주의자들부터 레닌까지 모든 마르크스주의자들이 공유한 합의 사항이었다. 레닌의 주된 공격 대상은 바로 강력한 작업장 조직이야말로 혁명운동을 더 발전시킬 수 있는 해결책이라고 생각한 사람들이었다. 레닌 자신은 단순히 "작업장 정치"를 강조하는 것과는 사뭇 다른 태도를 취한다. 그는 오히려 정치의 우위에 초점을 맞춘다(이것은 그의 사상 전체에도 해당되는 사실이다). 즉, 노동자들이 참여하는 부분적 경제투쟁은 정치권력을 장악할 수 있는 운동의 발전에 기여할 때만 의미가 있다고 본 것이다.

도니는 "정치는 경제의 가장 집약된 표현"이라는[45] 레닌의 유명한 말을 인용하지만, 그 말이 단순히 혁명가들은 작업장에서 조직 활동을 해야 한다는 뜻이라고 생각하는 듯하다. 그러나 레닌의 말은 훨씬 더 많은 것을 뜻했다. 레닌이 말하고자 한 것은, 계급사회의 모순은 모두 국가기구 안에서 집약되고 조직된 형태로 나타난다는 것, 그리고 모든 계급투쟁은 궁극적으로 정치투쟁, 즉 국가권력을 위한 투쟁으로만 결판날 수 있다는 것이었다. 그 투쟁에서 나타나는 각 계급의 힘과 조직은 생산관계에서 그들이 차지하는 위치에 따라 달라진다. 프롤레타리아의 힘과 조직은 작업장의 경제적 계급투쟁에서 나온다. 그러나 그 힘과 조직은 오직 정치권력을 위한 투쟁에 동원될 때만 효과적이다. 이런 정치권력 장악 투쟁에는 소비에트(투쟁 속에서 계급 전체를 단결시키는)와 혁명정당(노동자들이 권력을 장악하지 않으면 자신들의 문제 어느 하나도 해결할 수 없다는 사실을 깨닫게 만드는)이 모두 필요하다.

도니의 말처럼 1914년까지는 레닌이 노동자들의 권력 장악 수단이 될 정치형태를 진지하게 고민하지 않았다는 것은 사실이다. 그 이유는 당시 그가 러시아에서 부르주아 혁명만을 예상했기 때문이기도 하고, 또 제1차세계대전을 지지하는 독일 사회민주당의 배신 행위를 목격하고 나서야 비로소 그가 '정통' 마르크스주의의 국가론이 뭔가 잘못됐다는 점을 깨달았기 때문이기도 하다. 그러나 다시 한 번 강조하지만, 내가 보기에 도니는 레닌 국가론의 발전에서 소비에트가 차지하는 중요성을 지나치게 강조하는 경향이 있다. 도니는 1917년 2월 혁명과 훨씬 더 광범한 형태로 다시 등장한 소비에트가 바로 《국가와 혁명》의 배경이 됐다고 주장한다. 이 주장은 틀린 것 같다. 도니 자신이 이야기했듯이, 레닌은 이미 1916년에(그의 사후 《마르크스주의와 국가》라는 제목으로 출판된 노트에서) 그 주제에 관한 방대한 저술을 한 바 있다. 이 노트와 《국가와 혁명》은 모두 제2인터내셔널의 의회주의에 반대해, 국가의 계급적 성격과 부르주아 국가기구를 분쇄할 필요를 강조한 마르크스와 엥겔스의 주장을 재확인하는 데 주된 관심을 기울이고 있다. 레닌이 마르크스주의 고전으로 되돌아간 이유는, 제국주의 국가의 성격을 다룬 부하린 등의 저작이 나오면서 촉발된 볼셰비키당 내부 논쟁 때문이었던 듯하다.[46] 다시 말해, 레닌이 국가를 천착한 것은 당시 자본주의 국가의 본질을 이해하려는 혁명적 사회주의자들의 노력에서 비롯했고, 이런 노력 자체는 제국주의 전쟁의 발발로 촉발된 것이었다. 물론 2월 혁명은 국가를 "분쇄"한다는 추상적 개념에 소비에트라는 형태로 구체적 모습을 부여했지만, 도니 자신이 인정하다시피 《국가와 혁명》은 1905년과 1917년 러시아 혁명의 경험을 다루기 전에 끝난다.

이 글에서 자주 그랬듯이, 여기서도 나는 도니에게 반쯤은 동의하고 반쯤은 동의하지 않는 듯하다. 그리고 나는 도니도 내 주장들에 대해 똑같은 견해가 아닐까 생각한다. "실종된 당"에는 올바르고 유용한 것들이 많다. 그 글의 결점은 정식화와 강조에 있다.

사실 우리는 왜 도니가 그런 잘못들을 범했는지를 이해할 수 있다. 영국과 서방 자본주의 세계 전체의 계급투쟁 수준이 낮다 보니 노동자 권력이라는 생각, 즉 노동자가 소비에트를 창조하고 부르주아 국가를 전복한다는 생각은 까마득히 멀게 느껴진다. 개혁주의 좌파 사이에서는 실제로 노동계급은 끝장났고 경제적·사회적으로 사실상 해체되고 있다는 주장이 유행하고 있다.

이런 상황에서 소비에트 권력의 문제, 프롤레타리아가 자본주의를 전복할 수 있는가 하는 문제를 가지고 개혁주의자들과 혁명가들 사이에 분리의 선을 긋는 것은 아주 당연하다. 물론 근본적 의미에서도 그렇다.

그렇지만 현재의 계급투쟁 침체가 무한정 지속되지는 않을 것이다. 다시 한 번 노동자들이 대규모로 투쟁에 나서면, 근본적으로 개혁주의 정치나 중간주의 정치를 지지하는 사회주의자들이 많이 나타날 것이다. 그러나 그들은 계급투쟁의 중력 때문에 노동계급 쪽으로 마지못해 끌려올 것이다. 그런 사람들 사이에서는 경제 문제를 중심으로 한 작업장 조직을 사회주의 투쟁의 핵심으로 생각하는 다양한 생디칼리즘이 유행할 것이다. 그들은 혁명정당 개념에 대해서도 적대적일 가능성이 크다. 즉, 그들은 혁명적 사회주의자들을 "계급의 이익보다 당의 이익을 앞세운다"고 비난할 것이다. 생디칼리즘은, 심지어 가장 '급진적' 형태의 생디칼리즘조차 개혁주의의 힘에 도전하지 않는다. 개혁주의와 마찬가지로 생디칼리즘도 노동조합주의와 의회주의의 분업에 바탕을 두기 때문이다.

도니의 글에 나타난 모호함과 오류들이 위험한 이유는 그것들이 생디칼리즘 정치가 구체화할 수 있는 이론적 여지를 만들어 내기 때문이다. 예컨대, '평의회 운동'이 잘 조직된 노동자 '전위'에서 확장돼 나온다는 생각은, 혁명가들이 기존의 직장위원회 조직을 아래로부터 재건하려고 노력하기보다는 쉽사리 그 기존 조직에 적응하도록 부추길 수 있다. 계급투쟁이 침체한 결과 이 조직들은 대개 관료들의 본질을 감추기 위한 조직적 외피가 돼 버렸는데도 말이다. 또, 도니처럼 소비에트를 지나치게 강조하면,

고양기의 특징이라 할 수 있는 당을 무시하는 경향을 조장할 수 있다.

이 모든 것은 도니를 생디칼리스트나 평의회 공산주의자라고 비난하기 위한 것이 아니다. 오히려, 그의 글의 전체 요지는 혁명 정당의 핵심 구실을 재확인하는 데 있다. 바라건대, 내가 이 글에서 명확하게 하고자 한 것들이 "실종된 당"의 많은 장점들을 제대로 평가하는 데 보탬이 되면 좋겠다.

후주

머리말

1 G Lukacs, *History and Class Consciousness*, London, 1971, p299[국역:《역사와 계급의식》, 거름, 1999]. 이 인용문의 출처인 "조직 문제의 방법론"은 레닌주의 당 이론을 다룬 획기적 논의다.

2 K Marx and F Engels, *Collected Works*, VI, London, 1975, p495. 마르크스와 엥겔스의 당 이론을 포함해서 이 문제를 탁월하게 다룬 책으로는 J Molyneux, *Marxism and the Party*, London, 1978[국역:《마르크스주의와 당》, 북막스, 2003]이 있다.

3 G Lukacs, *Lenin*, London, 1970, p25[국역: 루카치, "레닌",《레닌》, 녹두, 1985]. 루카치의 이 글은 레닌의 사상을 개괄한 짧은 글로는 여전히 최고다.

4 O Figes, *A People's Tragedy*, London, 1996, p815.

5 L Trotsky, *The History of the Russian Revolution*, 3 vols, London, 1967, Vol I, p17[국역:《레온 트로츠키의 러시아 혁명사》상-중-하, 풀무질, 2003~04].

6   C Harman, *Russia: How the Revolution was Lost*, London, 1969, T Cliff, *State Capitalism in Russia*, London, 1988[국역: 《소련은 과연 사회주의였는가》, 책갈피, 2011], A Callinicos, *The Revenge of History*, Cambridge, 1991, ch 3[국역: 《역사의 복수》, 백의, 1993] 참조.

7   이와 관련된 쟁점들을 훨씬 더 자세히 다룬 책은 L Trotsky, *The Spanish Revolution*, New York, 1973[국역: 《레온 트로츠키의 스페인 혁명》, 풀무질, 2004]이 있다.

8   L Trotsky, *Our Political Tasks*, London, no date, p77. 이 논쟁을 다룬 클리프의 충분한 설명은 *Trotsky: Towards October 1879-1917*, London, 1989, chs 3-5 참조.

9   C Harman, *The Fire Last Time*, London, 1988[국역: 《세계를 뒤흔든 1968》, 책갈피, 2004] 참조.

10 G Cohn-Bendit and D Cohn-Bendit, *Obsolete Communism: The Left-Wing Alternative*, Harmondsworth, 1969, Part IV.

11 이 경향을 다룬 논의는 Alex Callinicos, *Trotskyism*, Milton Keynes, 1990 chs 2 and 3[국역: 《트로츠키주의의 역사》, 백의, 1994] 참조.

12 A Gramsci, *Selections from the Political Writings 1921-1926*, London, 1978, p198[국역: 《그람시의 옥중수고》 1-2, 거름, 1999].

13 Author's Preface, C Harman, *Party and Class*, Chicago, 1986, pp4-5.

당과 계급

1   Leon Trotsky, *The First Five Years of the Communist International*, Vol 1, New York, 1977, p98.

2   Karl Kautsky, *The Erfurt Program*, Chicago, 1910, p8[국역: 《에르푸르트 강령》, 범우사, 2003].

3   Karl Kautsky, *The Road to Power*, Chicago, 1910, p24.

4 Karl Kautsky, *Social Revolution*, p45 참조. 또, Carl E. Schorske, *German Social Democracy 1905-1917*, Cambridge, Mass, 1955, p115도 참조.

5 Karl Kautsky, 앞의 책, p47.

6 Karl Kautsky, *The Erfurt Program*, p188.

7 같은 책, p188.

8 같은 책, p189.

9 Karl Kautsky, *The Road to Power*, p95.

10 Leon Trotsky in *Nashe Slovo*, 17th October 1915. Leon Trotsky, *Permanent Revolution*, London, 1962, p254에서 인용.

11 레닌은 비록 1915년 〈소치알 데모크라트〉에 쓴 중요한 기사에서 소비에트를 "혁명적 통치기관"으로 언급하지만, 별로 강조하지는 않는다. 4쪽짜리 기사에서 소비에트를 언급한 부분은 대여섯 줄밖에 안 된다.

12 *Organisational Questions of the Russian Social Democracy*(룩셈부르크의 아류들이 《레닌주의냐 마르크스주의냐Leninism or Marxism?》라는 제목으로 펴냈다)와 *The Mass Strike, the Political Party and the Trade Unions*(Bookmarks, London, 1986)[국역: 《대중파업론》, 풀무질, 1995]도 참조.

13 Rosa Luxemburg, *Leninism or Marxism?*, Ann Arbor, 1962, p82. 아주 흥미롭게도, 레닌은 룩셈부르크의 비판에 답변하는 글에서 중앙집권주의 문제를 일반적으로 다루는 데 집중하지 않고 룩셈부르크의 글에 나타난 사실관계 오류와 차이를 지적하는 데 집중한다.

14 Rosa Luxemburg, *The Mass Strike*, p57.

15 같은 책.

16 Rosa Luxemburg, *Leninism or Marxism?*, p92.

17 같은 책, p94.

18 같은 책, p93.

19 같은 책, p93.

20　Leon Trotsky, *Results and Prospects* (1906), in *The Permanent Revolution and Results and Prospects*, London, 1962[국역:《연속혁명 평가와 전망》, 책갈피, 2003], p246.

21　I Deutscher, *The Prophet Armed*, London, 1954[국역:《무장한 예언자 트로츠키》, 필맥, 2005], pp92-93에서 인용.

22　같은 책.

23　유감스럽게도, 여기서는 트로츠키가 나중에 이 문제를 논의한 내용을 다룰 여유가 없다.

24　V I Lenin, *Collected Works*, Vol VIII, p104.

25　같은 책, Vol VIII, p564.

26　V I Lenin, *Collected Works*, Vol X, p32.

27　Raya Dunayevskaya, *Marxism and Freedom*, New York, 1958, p182에서 인용.

28　V I Lenin, *The Collapse of the Second International*, in *Collected Works*, Vol XXI, pp257-258.

29　Leon Trotsky, *History of the Russian Revolution*, London, 1965, p981.

30　V I Lenin, *Collected Works*, Vol XXVI, pp57-58.

31　V I Lenin, *What is to be Done?*, Moscow, no date, p25[국역:《무엇을 할 것인가?》, 박종철출판사, 1999].

32　V I Lenin, *Collected Works*, Vol VII, p263 참조.

33　같은 책, Vol VI, p491.

34　같은 책, Vol VII, p265.

35　같은 책, Vol VIII, p157.

36　같은 책, Vol VIII, p155.

37　Antonio Gramsci, *Passato e Presente*, Turin, 1951, p55.

38　Antonio Gramsci, *The Modern Prince and other Essays*, London, 1957, p59.

39　같은 책, pp66-67.

40 Antonio Gramsci, *Il Materialismo storico e la filosofia di Benedetto Croce*, Turin, 1948, p38.

41 Antonio Gramsci, *The Modern Prince and other Essays*, p67.

42 V I Lenin, *Collected Works*, Vol VII, p117.

43 같은 책, Vol VIII, p145.

44 같은 책, Vol VIII, p196.

45 V I Lenin, *What is to be Done?*, p11.

46 V I Lenin, *Collected Works*, Vol VIII, p154.

47 같은 책, Vol VII, p116.

48 이와 반대되는 순진한 견해는 'An Open Letter to IS Comrades', *Solidarity Special*, September 1968 참조.

49 이 문제에서 모종의 혼란이 생긴 것은 1918년 이후 러시아의 경험 때문이다. 그러나 소비에트의 지배와 당이 서로 대립하게 된 것은 당의 형태 때문이 아니라 노동계급의 해체 때문이었다는 점이 중요하다(C Harman, 'How the Revolution Was Lost', *International Socialism*, First Series, Vol 30 참조). 클리프는 "트로츠키의 대리주의론"(이 책의 3장)에서 이 점을 지적하지만, 무슨 이유 때문인지 레닌의 조직 이론이 대리주의적이라는 트로츠키의 초기 주장에서 "우리는 트로츠키의 예언자적 천재성, 선견지명, 삶의 온갖 측면을 체계적으로 통합하는 능력을 엿볼 수 있다"고도 주장한다.

50 T Cliff, *Rosa Luxemburg*, London, 1959[국역: 《로자 룩셈부르크》, 북막스, 2001], p54. 여기서도 위대한 혁명가에게 존경을 표하려는 클리프의 의욕이 진정한 과학적 평가를 압도하는 듯하다.

트로츠키의 대리주의론

1 L Trotsky, *Nashi Politicheskye Zadachi*, Geneva, 1904, p54.

2 같은 책, p105, I Deutscher, *The Prophet Armed*, London, 1954, pp92-93

에서 재인용.

3   V I Lenin, *Sochinenya*, IX, p14.

4   L Kritsman, *Geroicheskii Period Velikoi Russkoi Revolutsii*, Moscow, 1924, pp133-136.

5   *Chetvertyi Vserossiikii Sezd Professionalnykh Soyuzov*, Vol 1, 1921, pp66, 119.

6   *Vtoroi Vserossiikii Sezd Professionalnykh Soyuzov*, 1921, p138.

7   V I Lenin, *Sochinenya*, XXVI, p394.

8   VKP(b) *v Rezoliutsiakh*, 4th ed, Vol 1, p126.

9   같은 책, 6th ed, Vol 1, pp154-160.

10 L Trotsky, *History of the Russian Revolution*, London, 1932, Vol 1, p59.

11 같은 책과 Lenin, *Sochinenya*, XXI, p432.

12 A Shliapnikov, *The Year Seventeen in Russia*, Moscow, 1924, Vol 1, p197.

13 A S Bubnov 외, VPK (b), Moscow-Leningrad, 1931, p113.

14 *Pravda*, 15 March 1917, Trotsky, 앞의 책 p305에서 재인용.

15 *Pravda*, 8 April 1917.

16 A S Bubnov, 앞의 책, p114

17 VKP (b) *v Rezoliutsiakh*, 4th ed, Vol 1, p258.

18 V I Lenin, *Sochinenya*, 3rd ed, XX, p652.

19 같은 책, XXI, p526.

20 L Trotsky, *Stalin*, London, 1947, pp341-342.

21 A S Bubnov, 앞의 책, p511

22 같은 책, p512.

23 *9 Sezd*, RKP (b), p52.

24 같은 책, pp62-63.

25 같은 책, pp56-57.

26 *11 Sezd*, RKP (b), p83.

27 같은 책, p134.

28 *12 Sezd*, RKP (b), p133.

29 F Engels, *The Peasant War in Germany*, London, 1927, pp135-136[국역: 《엥겔스의 독일혁명사 연구》, 아침, 1988].

30 L Trotsky, *Stalin*, London, 1947, p201. 유감스럽게도, 트로츠키는 트로츠키주의 조직들의 관료적 보수주의라는 문제를 다룰 때, 그런 생각을 무시한 채 관료주의에 대한 아주 단순한 유물론적 해석으로 후퇴했다. 미국 트로츠키주의 지도자 J P 캐넌이 관료적 보수주의로 비난받았을 때, 트로츠키는 그 비난이 "관료적 '보수주의'의 근저에 있는 특정한 사회적 이해관계를 보여 주지 않는 한 심리적 추상일 뿐"이라고 말했다(L Trotsky, *In Defense of Marxism*, New York, 1942, p81). 그렇다면 1917년 이전에 [볼셰비키] '위원들'(스탈린이 그 전형이었다)의 근저에 있었던 특정한 사회적 이해관계는 무엇인가? 트로츠키가 '위원들'의 보수적·반민주적 본질을 중심 주제로 다룬 자신의 마지막 저서 《스탈린》에서 그 점을 보여 주려 애쓰지 않은 것도 당연하다.

31 Trotsky, Deutscher, *Soviet Trade Union*, London, 1950, p42에서 인용.

32 *9 Sezd*, RKP (b), p101.

33 *13 Sezd*, RKP (b), pp165-166. 멘셰비키와 아나키스트, 또 트로츠키와 레닌을 비판하는 일부 좌파들은 크론시타트 반란에 대한 트로츠키와 레닌의 태도를 관료적 억압의 사례로 자주 인용한다. 사실 크론시타트 반란은 주로 도시에 맞선 농민과 반半농민의 반란이었다. 따라서 모든 당내 반대파(실랴프니코프와 콜론타이가 이끈 노동자 반대파를 포함해)들이 반란 진압에 적극 참가했고, 그 뒤 소小자본가와 농민에게 양보하는 정책, 즉 신경제정책NEP이 시행됐다. 그러나 크론시타트 문제와 다양한 반대파 그룹들(트로츠키가 반대파에 합류하기 전부터 존재했고, 1923년에 그가 합류한 뒤에는 그의 지도를 따른)은 따로 연구할 만한 매력적인 연구 주제다.

34 V I Lenin, *Sochinenya*, X, p483.

35 *6 Sezd*, RKP (b), Moscow, 1958, p390.

36 1917년 8월에 회원이 약 4000명이었던 트로츠키의 조직 메즈라욘카는 규모가 너무 작아서 사태 진전에 영향을 줄 수 없다는 사실을 의심한 사람은 러시아에 아무도 없었다. 마찬가지로 1921년에 트로츠키가 독일 공산주의노동자당KAPD을 보잘것없다고(당원이 "고작 3만~4만" 명이라고) 말한 것도 이해할 수 있다(L Trotsky, *The First Five Years of the Communist International*, London, Vol 2, p26).

37 로자 룩셈부르크는 다음과 같이 썼다. "물론 사회민주주의는 투쟁의 사회적 조건을 이론적으로 분석해서, 프롤레타리아 계급투쟁에 전례 없는 수준으로 의식이라는 요소를 도입했다. 즉, 계급투쟁에 명확한 목표를 제시했고, 처음으로 노동자 대중의 상시적 조직을 만들어 냈고, 그래서 계급투쟁을 위한 견고한 중추를 확립했다. 그렇다고 해서, 이제부터는 대중의 역사적 주도력이 모두 사회민주주의 조직으로 완전히 넘어가 버리고, 조직되지 않은 프롤레타리아 대중은 형체 없는 존재로 전락해서 역사의 무거운 짐이 될 뿐이라고 생각한다면 엄청난 실수일 것이다. 오히려, 사회민주주의 정당이 존재하더라도 인민대중은 세계사의 생생한 실체로 계속 남아 있다. 조직된 중핵과 인민대중 사이에 혈액순환이 있을 때만, 하나의 심장박동이 그 둘에게 생명을 주고 있을 때만, 사회민주주의 정당은 자신이 위대한 역사적 행위를 할 수 있음을 입증할 수 있다." *Leipziger Volkszeitung*, June 1913, pp26-28.

38 *Die Neue Zeit*, 1904, p491.

39 L Trotsky, *In Defence of Marxism*, New York, 1942, p60.

40 몇몇 경우 비공개는 정당하며 노동자라면 모두 그 점을 이해해 줄 것이다. 공장 집회가 자본가들과 부르주아 언론, 보안경찰 기관원들에게 폐쇄적일 수 있듯이, 혁명정당의 활동에서도 비밀을 지켜야 할 때가 있다. 그러나 모든 경우에 당은 노동자들에게 이 사실을 해명할 수 있어야 하고, 기본적 정책 결정을 노동자들에게 숨기지 않고 있음을 확신시켜야 한다.

1917년 이전의 당과 계급

이 글을 쓸 수 있게 도와준 크리스 하먼에게 감사한다.

1 T Cliff, *Rosa Luxemburg*, London, 1969와 *Lenin*, 4 vols, London, 1975-9, T Cliff, D Halls, C Harman, L Trotsky, *Party and Class*, London, 1970, D Hallas, *Trotsky's Marxism*, London, 1979[국역 《트로츠키의 마르크스주의》, 책갈피, 2010], J Molyneux, *Marxism and the Party*, London, 1978 참조.

2 D Gluckstein, 'The Missing Party', *International Socialism* 2:22, Winter 1984. 이하 인용문은 모두 이 글에서 인용한 것이다.

3 R Luxemburg, *The Mass Strike*, Colombo, 1970, p68.

4 같은 책, p17.

5 같은 책, p81.

6 같은 책, p65.

7 같은 책, p75.

8 같은 책, p51.

9 같은 책, pp65~66.

10 Molyneux, pp103-104.

11 R Luxemburg, 'Organizational Questions of Russian Social Democracy', in *Selected Political Writings*, New York, 1971, p293.

12 Molyneux, p113에서 인용.

13 C Harman, 'Party and Class', in Cliff *et al*, p54.

14 Lenin, *Collected Works*, Moscow, 1974, v.p386n.

15 G Lukacs, *Lenin*, London, 1970, pp28-29.

16 같은 책, p26에서 인용.

17 Cliff, *Lenin* 1. pp137-138.

18 Molyneux, p81.

19 같은 책, pp107-108.

20 L Trotsky, *The History of the Russian Revolution*, 3 vols, London, 1967, Vol I, p310.

21 I Deutscher, *The Prophet Outcast*, London, 1967, pp242-247[국역: 《추방된 예언자 트로츠키》, 필맥, 2007].

22 A MacIntyre, *Against the Self-Images of the Age*, London, 1971, p59.

23 Cliff, *Lenin* 2, pp138-139.

24 같은 책, 1, chs 1 and 2.

25 C Harman, *The Lost Revolution*, London, 1982, ch5[국역: 《패배한 혁명》, 풀무질, 2007] 참조.

26 Harman, 'Party and Class', p50.

27 같은 책, p62.

28 같은 책, pp62-63.

29 같은 책, p63.

30 A Callinicos, 'The Rank and File Movement Today', *International Socialism* 2: 17, Autumn 1982 참조.

31 같은 책, p19(인용문은 T Cliff and C Barker, *Incomes Policy, Legislation and Shop Stewards*, London, 1966에 나오는 것이다).

32 *Leon Trotsky on China*, New York, 1976, pp319-320.

33 L Trotsky, *The Spanish Revolution (1931-39)*, New York, 1973, p85.

34 Callinicos, 'Rank and File Movement' 참조.

35 D Gluckstein, 'The Workers' Council Movement in Western Europe', *International Socialism* 2: 18, Winter 1983, p12.

36 Callinicos, 'Rank and File Movement', p8.

37 Luxemburg, *Mass Strike*, p63.

38 같은 책, p65.

39 A Callinicos, 'Soviet Power', *International Socialism* (old series) 103 (1977)과 Gluckstein, 'Council Movement' 참조.

40 T Cliff, *The Class Struggle and Women's Liberation*, London, 1984, pp104-108[국역: 《여성해방과 혁명》, 책갈피, 2008].

41 Harman, *Lost Revolution*, p72 참조.

42 Lenin, *Collected Works* xxx, p264.

43 Gluckstein, 'Council Movement', p22.

44 N Harding, *Lenin's Political Thought* 1, London, 1977.

45 Lenin, *Collected Works* xxxii, 32.

46 M Sawyer, 'The Genesis of *State and Revolution*', *Socialist Register 1978* 참조.